成功体験は9割捨てる

株式会社新経営サービス
執行役員統括マネージャー
志水 浩

あさ出版

はじめに

成果をあげる源

成功体験は、私たちがビジネスの世界で成果をあげるためにも、人生を有意義に過ごしていくためにも不可欠な要素です。

カナダの心理学者であるアルバート・バンデューラが「自己効力感（セルフ・エフィカシー）」という概念を提唱しています。自己効力感とは、「自分は実行し、努力すれば、多くのことができる・よくなる」という思いです。

自己効力感が高い人は、困難が生じても自分を信じる気持ちが強いので、努力を続けて困難を乗り越えていくことができます。その結果、成果が出て、さらに「自分はやればできる！」という思いが高まり、よりレベルの高い課題に取り組む心のエネルギーを得ることができます。

逆に自己効力感の低い人は、ちょっと壁にぶつかっただけでも「やっぱり自分はダメだ」という心理に陥り、もう少し頑張れば壁を乗り越えられるのに諦めてしまいます。

そして、〝できない自分〟を責めて自信をなくすという悪循環にはまり込んでいきます。

私はこれまで、組織・人材開発コンサルタントとして、さまざまなビジネスパーソンの方々と接してきて、ハイパフォーマーとローパフォーマーの違いはスキルや知見の問題ではなく、この自己効力感の有無やレベルの相異が大きいと感じています。

では、自己効力感を育むには何が必要でしょうか？

それは「成功体験」です。

成果をあげる源は、成功体験の蓄積（質×量）にあるといえます。

成功体験のダークサイド（負の側面）

しかしながら、光が差せば影が生まれます。光が強ければ強いほど、影が濃くなります。世の中の多くの事柄は、プラスの要素のなかにリスクが内在する「光と影の法則」で形成されています。成功体験も例外ではありません。

画家のピカソが、次のような言葉を遺しています。

「成功は危険だ。自分の成功をコピーし始めてしまう。それは創造性の不妊を招く」

成功体験が、新しい発想・知恵を生み出すことを妨げてしまうというのです。成功を収めたことによって冷静な判断力を失い、状況が変化しても同じことを繰り返し、転落への道を突き進んでいく。

ピカソは、このように「成功のダークサイド（負の側面）」について述べています。ダークサイドに陥るのは誰にでもあり得ることです。さらに言えば、大きな成功を体験した組織や人ほど留意する必要があります。ピカソが述べているように客観的な成功分析が不足して、続けるべきことを続けず、変えるべきことを変えずに続けてしまう。視野狭窄に陥って判断を誤る。油断が生じて変化を見過ごしてしまう。そして、成功を生んだ要素に束縛されて的確な判断ができない。

古今東西、さまざまな組織、人物がこうした成功体験のダークサイドに陥っています。

成功を続ける人に共通すること

歴史上の人物で、誰しもが知る織田信長。信長の戦いのなかで最も有名なものは「桶狭間の戦い」でしょう。

隣国の大大名である今川義元から、二万五〇〇〇人にのぼる軍勢で侵攻を受けながら、三〇〇〇人ほどの少数の軍勢で奇襲を行って、見事、今川義元を討ち取って勝利した戦いです。これが、信長の知名度と戦国大名としての地盤を築きました。

信長にとって、少数で奇襲を仕掛けて大軍勢を破った桶狭間の戦いは強烈な成功体験でした。しかしその後、信長は本能寺で死ぬまで、一度たりとも少数で大勢にあたるような不利な戦いはしませんでした。ピカソの言う〝成功のコピー〟を一切行っていません。

敵軍を上回る軍勢を集めて、有利な地形で戦いました。強勢の敵には、外交政策や離反工作で弱体化を図って、有利な状況にしてから戦いを始めています。桶狭間のような戦いは一切していません。ここに信長が歴史に名を刻んでいる要因があります。

ある経営者が、「成功を続けている人は、成功体験を捨てられる人だ」と言っています。信長然り、さまざまな分野・立場で成功を続けている人は、冷静に成功体験と向き合い、環境変化に応じて、柔軟に考え方や行動を変えているのです。

成功体験を書き換える

これからの時代は、自動運転、空飛ぶ車、再生医療、そして人間だけでなく、材料に傷ができても自発的に治すスマート・マテリアルまで、かつてマンガに描かれたような技術が続々と開発、実用化されていきます。

スーパーコンピュータが一万年かけて解く計算問題を、わずか三分で解いてしまう量子コンピュータが実用化されれば、その世界が一気に現実となります。技術の進化は、ほとんどすべての業種・業態のビジネスモデルを変えていくことになるでしょう。

こうした時代に、会社も人も成果をあげ続けるには、「過去の成功体験に基づいた無意識に行っている思考・行動を、環境変化に合わせて書き換える習慣を獲得できるか否か」が重要なファクターとなります。

本書では、第1章で、成功体験の負の側面を、実在の企業や人物の事例を交えて四つの観点から解説します。

第2章では、なぜ成功体験の負の側面が生じてしまうのか、心理学、組織運営の仕組みなどから要因を確認します。

第3章は、業界・組織・個人の、成功体験に疑問をもち変革を進めて成功を獲得した事例を紹介します。

そして第4章では、成功体験に縛られずに成果をあげ続けるビジネスパーソン、リーダーになるためのポイント、変革を続けられるチーム・組織づくりの要諦を述べます。

「強い者が生き残るわけではない。また賢い者が生き残るわけではない。変化できる者が生き残る」。進化論を唱えたダーウィンの話として引用される適者生存の法則は、企業にも個人にも当てはまることとして理解されています。しかし、実際に変化し続けることができる人は多くはありません。

その変化を阻む大きな要素が成功体験です。

本書を通じて読者の皆様の、成功体験から生じる影の側面が解消され、継続的な成功獲得の一助となれば幸いです。

二〇二〇年五月

志水　浩

第2章

なぜ成功体験のダークサイドが生じるのか？

第4章 ダークサイドの向こうにある未来を創る

第1章

成功の逆襲

～成功体験がもたらす弊害～

成功体験の四つのダークサイド

▼固執、束縛、驕り、思考停止

成功体験のダークサイド（負の側面）は、大きく四つに集約できます（左ページ図参照）。

一つ目が**「固執の罠」（まだいけるんじゃない？症候群）**です。

組織や自身を取り巻く状況が刻々と変化しているにもかかわらず、過去の成功体験に固執して、〝変えていくべきこと〟を変えずにそのまま継続してしまう罠。

水を張った鍋にカエルを入れて徐々に温度を上げていくと、カエルは温度変化に気

成功体験の４つの負の側面

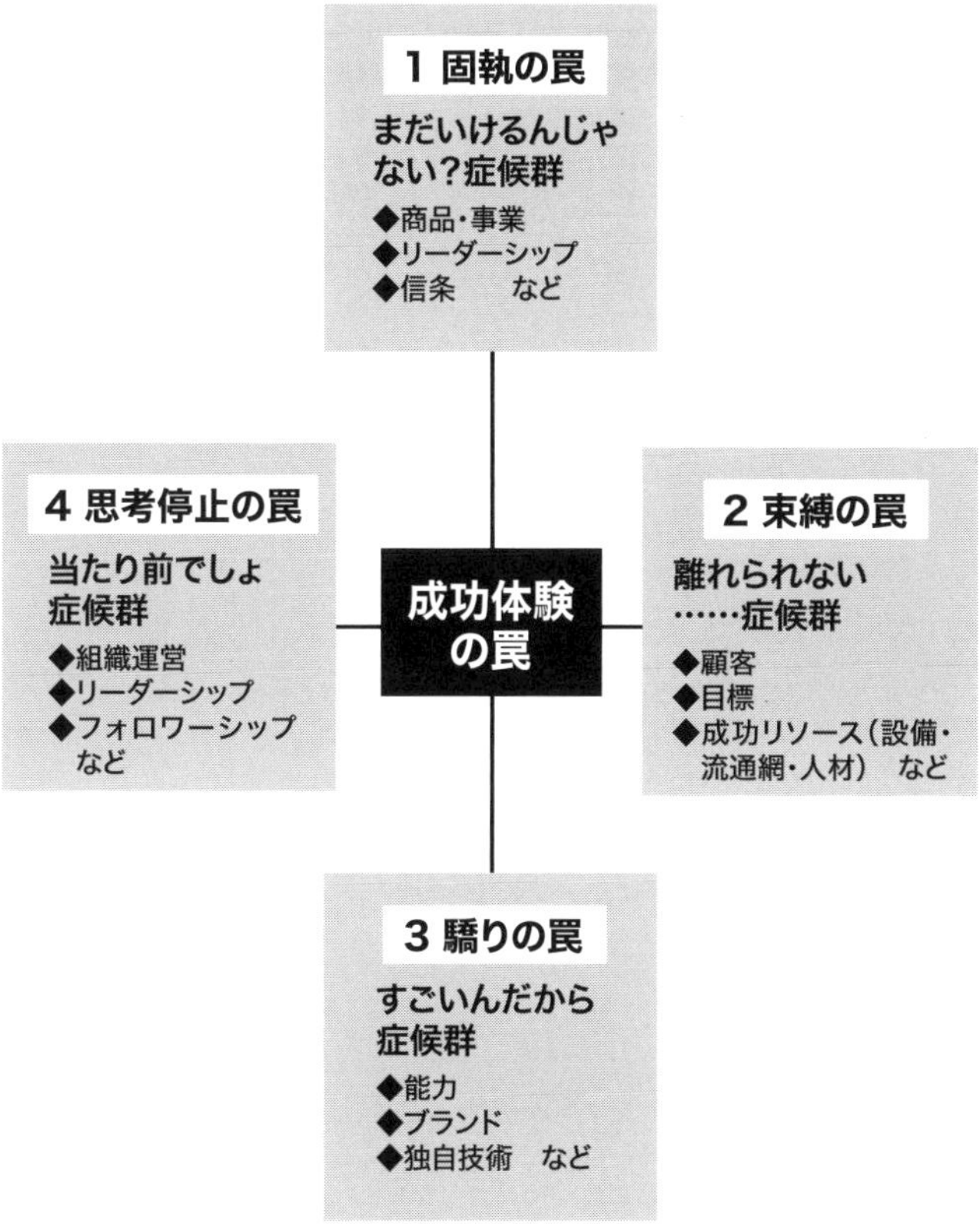

1 固執の罠
まだいけるんじゃ
ない？症候群
◆商品・事業
◆リーダーシップ
◆信条　　など
2 束縛の罠
離れられない
……症候群
◆顧客
◆目標
◆成功リソース（設備・
流通網・人材）　など
成功体験
の罠
3 驕りの罠
すごいんだから
症候群
◆能力
◆ブランド
◆独自技術　など
4 思考停止の罠
当たり前でしょ
症候群
◆組織運営
◆リーダーシップ
◆フォロワーシップ
など

づかずゆで上がって死んでしまいます。いわゆる〝ゆでガエル現象〟です。それが生じるダークサイドです。

次に**「束縛の罠」（離れられない……症候群）**が挙げられます。

成功の原動力になったリソースや価値観が、逆に足かせとなって変化を阻んでいく罠です。私たち日本人がとくに陥りやすいパターンです。

そして**「驕りの罠」（すごいんだから症候群）**です。

かのスティーブ・ジョブズは、「成功を収めたとき、用心しなくてはならないのは傲慢という名の客だ」という言葉を遺していますが、成功のあと、私たちの心の中に無意識のうちに驕りが生じていきます。

最後が**「思考停止の罠」（当たり前でしょ症候群）**です。

成功が、思考・行動上の制約や前提となり、個人や組織に悪影響を及ぼしていく状況を指します。

では、一つずつ事例・実例を交えて確認していきましょう。

まずは、「固執の罠」（まだいけるんじゃない？症候群）です。

過去の成功にとらわれる「固執の罠」

▼ウォークマンのダークサイド

一九七九年、ソニーが発売したウォークマンは、じつに画期的な製品でした。

当時、音楽は、レコードをステレオで聴くか、もしくはラジカセにカセットテープを入れて再生して聴くというスタイルでした。

自宅のステレオで聴くときはもちろん、外にラジカセを持って出て聴くときも、基本的に音楽は静止して聴くものでした。

そこにウォークマンが登場したのです。商品名のとおり、歩きながら移動しながら、カセットテープに録音した音楽を軽量のヘッドフォンで聴くことのできる製品で、世界中で大ヒットしました。

その後、ソニーはフィリップスとの共同開発でCD（コンパクトディスク）を世に送り出します。そして一九九二年に、CDの半分ほどの大きさで振動に強く、カセットテープよりも編集が容易なMD（ミニディスク）を発売します。CDもMDも音楽を楽しむ新しいメディアとして広く受け入れられました。

ここまでは、音楽業界をリードし席巻していたのは間違いなくソニーでした。

そこにスティーブ・ジョブズ率いるアップルが現れます。

それまで音楽とは無縁だったアップルが、音楽専用の小型コンピュータともいうべきiPodならびにiTunesで業界に進出しました。

一〇〇〇曲を持ち運べて、かつ、その曲がシャッフル再生機能によって「いつどの曲がかかるかわからない」という、それまでの音楽体験を変えるものでした。そして、iTunes Storeでダウンロード配信サービスを開始し、一週間で一〇〇万曲のダウンロードを獲得します。これは、それまでダウンロード配信サービスを手がけていた全企業の販売累計曲数を上回るものでした。

ここから、アップルはデジタル音楽の流通を手中に収めて、一気に音楽業界の主役の座を得ていきます。

ソニーはアップルに完全にその座を奪われたわけですが、じつは音楽ダウンロード配信サービス自体はソニーが先行して始めていました。アップルが先に始めたように錯覚しがちですが、後発参入です。

なぜ、ソニーは業界の中心にいて、音楽流通の先端サービスを行っていたにもかかわらずアップルに負けたのか？

その原因はウォークマンの成功体験でした。

自らが過去にウォークマンで変えたように、アップルはCDやMDを持ち運ぶ必要をなくし、携帯音楽プレイヤーとウェブ上のiTunes Storeを接続させることで、音楽の聴き方を根本的に変えてしまいました。

そのような状況が現出しているにもかかわらず、ソニーは従来型スタイルのMDウォークマンの普及に多くの経営資源を割いてしまったのです。

ソニー在籍当時、パーソナルオーディオ事業の立て直しを命じられた、元グーグル日本の社長、辻野晃一郎氏は著書『成功体験はいらない』でこのように述べています。

〈開発陣たちと話を始めて愕然としたことがある。パーソナルオーディオの定義が変わり、音楽の聴き方が根底から変わろうとしている最大の危機であるにもかかわらず、彼らは「音質の良さ」や「バッテリーの寿命」、あるいは「ウォータープルーフ（防水加工）機能」などで巻き返すことを真顔で主張してきたからだ。〉

ゲームチェンジが起き、勝負の仕方が変わっているにもかかわらず、**成功体験の延長線上にある技術追求**に意識を奪われたことが、ソニーの本質的な敗因でした。

▼世界一の企業がはまった罠

音楽業界で起こったことは、カメラ業界でも起きています。

かつてはカメラにフィルムを装填して写真を撮り、写し終えたフィルムを現像所に持って行ってプリントしたものを受け取るのが一般的でした。

このフィルム需要のピークは二〇〇〇年。そこからデジタル化が進み、デジカメや携帯電話で写真を撮る時代になっていきます。一〇年後の二〇一〇年にはフィルムの需要は一〇分の一に激減。その四年後にはピーク時の一〇〇分の一にまで落ち込みました。

その流れのなかで、世界最大手のフィルムメーカーのコダックが二〇一二年に経営破綻。一時は社員数一五万人規模を誇った大企業が倒産してしまいました。

じつはコダックは、よく比較して語られる富士フイルムよりも一〇年も早く、一九七五年にデジタルカメラの試作品を世界に先駆けて開発しています。

デジタル化の流れに手を打っていなかったのではなく、かなり早い段階で環境変化への手立てを講じていたのです。それればかりか、複写機、化学品、医薬品、医療用デジタル画像装置、情報システムなど、まさに富士フイルムの成功要因といわれる事業の多角化戦略も進めていました。

では、なぜコダックは倒産したのか？

それは、フィルム市場が数社の寡占状態で利益率が高く、生産・技術面において参入障壁が高かったことから、せっかく多角化した事業を次々と売却し、フィルム事業に注力する道を選択してしまったことに原因があります。

環境変化を直視せず、優位性・利益率に意識が奪われ、**「まだ大丈夫じゃないか？」という希望的観測**をもって経営を続けた失敗でした。

組織のみならず個人でも陥る「固執の罠」

▼社長の仕事を邪魔する会長

ここまでは企業組織について述べましたが、ここからは個人レベルで固執の罠に陥った事例を見ていきましょう。

ある塗料メーカーがあります。この企業は戦後まもなく設立され、しばらくは社員一〇名ほどの規模で事業を行っていました。

そこに、創業者の子息の（現）会長が入社します。大手の塗料メーカーで開発部員として七年程度勤めたあとのことでした。

自社でも開発を中心に担い、外部ブレーンと耐熱分野を中心に特殊塗料を次々と開発します。耐熱分野の市場拡大期と重なったこともあり、業容は拡大していきました。入社一〇年で年商は六倍になり、その年、三九歳で社長に就任。それから二五年で、入社時の三〇倍以上の年商規模にまで会社を伸ばしました。

しかし、年齢を重ね、後継を考えます。子どもに恵まれなかったこともあり、社員への承継を考えていましたが、経営を委ねられる人材は見当たりませんでした。

そこで、自動車メーカーで働いていた妹の長男である甥に声をかけます。大手企業でエリートコースを歩んでいた人です。本人は随分と悩みましたが、創業者の祖父に可愛がってもらっていたこともあり入社を決意します。

入社後は、営業・生産管理・総務人事部門に籍を置きます。その間、営業政策の見直し、生産管理システム刷新、人事評価制度策定などの改革を主導。会社も順調に成長し、トップダウン型の昭和的な企業体質も変化していきました。

そして、株式の譲渡も過半数に及び、代表取締役社長に就任します。社長は取締役を降りた形の会長職に就くことになりました。

しかし、ここから〝まさか〟の事態が生じていきます。

それまで、社長の改革に理解を示してきていたはずの会長が〝ちゃぶ台返し〟を始めたのです。

▼〝過信〟が組織を混乱させる

人事評価制度を整備して、その仕組みに則って昇進・昇格をしていたにもかかわらず、仕組みを無視して一部の人材を昇進させるという、明らかに筋が通らない人事案を役員会で主張します。また、社長に一切相談しないまま、若いときから共に過ごしてきた役員を副社長や常務に昇進させることまで言い出します。

社長は当然反対しました。ただ、体制が変わった矢先に社長と会長が揉めているのを社員に見せることは問題です。結局、社長が妥協してこの件は幕を閉じます。

そして、しばらくあとのことです。大きな仕入先とのトラブルが起こります。この処理には社長自らがあたり、その方針に沿って、問題が収束していくと思われました。しかし会長は、その解決方法に反対でした。会長が仕入先に出向き、社長とはまったく違う方針をもって再交渉したのです。

そのうち、さまざまな決済を子飼いの役員のところで止めて、社長に運ばれないようにしました。さらに、社長が手がけ育ててきたプロジェクトを骨抜きにしていきます。

そんななか、社長が生産革新をはかるために、前職の人脈をもとに来てもらって本部長職に就けていた生産本部長が退職の意向を伝えにきました。会長からの圧力によって、本部長の方針が現場で覆されることが頻発しているのがその理由でした。

社長は、このまま対立を続けて組織にこれ以上混乱をきたすのは避けるべきだと判断し、出社を控える決断をします。

これで社内の混乱が沈静化に向かうと思われましたが、そうはいきませんでした。株券そのものが社長の手元になく会社に保管されていたこともあって、会長が「株式を譲渡した覚えはない」と言い出したのです。

さすがにこれは受け入れるわけにはいきません。個人的に銀行から借入れをして有償譲渡を受けたものです。それを不法行為で株式譲渡が行われたと会長が主張したため、裁判となってしまいました。

不法行為の主張は、どう考えても無理筋です。社長の不正の証拠など出てきません。結局、裁判は一〇〇%社長勝訴となりました。

しかしこの混乱のなかで、社長の改革に理解を示して動いていた有為な人材が多く退職していきました。結果、さまざまな部署で業務運営が支障をきたしトラブルが頻発し、人身事故まで発生しました。

会長がいなければ、今日の事業規模に至らなかったことは間違いありません。しかしその後、権力への固執、成功体験からくる自分の力量への過信が、誰にとっても望ましくない結果を招いたのでした。

▼「名ばかり管理者」を生むマインドセット

次は、私が研修でご一緒した管理者Aさんの話です。

Aさんは、若いときから営業マンとしてずば抜けた実績を積み重ねてきた人です。なかでも二年前に会社が新規分野に進出した際、その営業力で大口顧客を次々と開拓し、新しい事業基盤を築いた功績は経営陣から大きな評価を受けました。

このAさんが受講した研修で「三六〇度評価アンケート」を実施しました。アンケートは事前に、Aさんの管理者としての役割遂行レベルについて、本人・上位者・部下（上位者・部下は通常複数人）などから、二〇～三〇の設問に四段階評価で回答してもらっておきます。

研修では、アンケートの結果をフィードバックして、なぜ本人と上位者・部下との間で認識のギャップが生じているのか、その原因を探りながら、パフォーマンスを高める方策を検討してもらいます。

四人一組でグループを組んで、メンバーにアンケート結果を開示して、順番に一人ずつ周囲のアドバイスやコーチングを受けながら考えていくというスタイルをとります。

Aさんは、「部下育成・指導」に関するアンケート結果が、上位者・部下においてかなり低いレベルでした。

アンケートのフィードバックを受けた直後は、それが芳しくない結果であれば、大なり小なりショックを受け、他責や過度な自責の感情が生じることがあります。Aさんも当初はショックを受けて、上位者や部下に対する他責の発言を続けていましたが、人はある程度、他責の思いを吐き出せば、落ち着いて結果に向き合うようになります。

Aさんもその後は冷静にアンケートの結果を受け止め、「部下の指導・支援が不十分で信頼関係が築けておらず、部下に対する影響力をもたない〝名ばかり管理者〟になっていた」と語りました。

当時、日本企業では、名目上管理職という立場に位置づけて、支払うべき残業代を支給しないということが横行していました。こうした人たちを〝名ばかり管理者〟といい、企業の労務管理の在り方が問題視されていました。

Aさんは、「意味は違うが、自分もプレイヤーに終始して名前だけの管理者になっている」という認識から自らをこう表現したのでした。

そこで、なぜ、部下への指導・支援が不十分な〝名ばかり管理者〟に陥っているのか、その原因を探っていただきました。

▼幼少期の体験にとらわれる

Aさんに、〝名ばかり管理者〟になっていた原因を尋ねると、

「コミュニケーションの絶対量が不足しているため、指導・支援すべきことが見えていない」

という答えが返ってきました。では、どうしてコミュニケーションをとらないのか？

さらに胸の内を探っていただくと、

・苦手で煩わしく、手間がかかることから逃げている。

という心理が見えてきました。

もともと、人の指導に対する苦手意識があることと、プレイング・マネジャーとして多忙であったことから、手間がかかる煩わしい部下指導を避けていることが浮かんできました。

さらに掘り下げて考えていただくと、

・過去の体験から、〝指導しても難しい、ムダだ〟という諦めの気持ちがある。

ということがわかりました。

現在、配下にいる部下の場合、過去のケースからみて、また素養・仕事に取り組むスタンスから、いくら自分が指導を行っても成果をあげられない、成長しない。こうした思いがあることに、メンバーや私と対話をしていくなかでAさんは気づきました。

その後、対話を重ねていくと、

・「自分のことは、自分で為すべきだ」という思いが幼少期の体験から根強くある。

という、部下指導を行わないAさんの**本質的なマインドセット（過去の体験から固**

定化された見方・考え方）が見えてきました。

Aさんの両親は厳しい性格で、共働きで多忙であったこともあり、悩みや困りごとを相談しても「自分で考えなさい」と言われて相手にしてもらえなかったそうです。その結果、自分のことは自分で考えて行動するというスタンスが定着化したとのことでした。

そして、社会に出てからも、上司や先輩の指導を受けて学ぶよりも、自律的に努力をして実績を積み重ね、今日の立場を獲得していました。

子どものときから自立心が培われた面はよかったのですが、「ビジネスパーソンたるもの、自分のことは、自分で為すべきだ」という思いを他者にも求めることになり、部下に指導・支援をしない状況に陥っていたのです。

この話を聞いたあと、メンバーの一人が「悩みがあったのに、親御さんに相手にされなかったとき、どんな気持ちでしたか？」とAさんに質問しました。

すると、Aさんは下を向いてしばらく沈黙を続けました。

質問をした人は意外な反応に困惑していましたが、Aさんはようやく口を開き、「恨みましたね」と回答しました。

そして、こう続けました。

「自分も今、子どもをもち、そんな親には絶対なるまいと思っていましたが、振り返るとまったく同じことをしています。部下に対しても同じです。周りの人たちに、子どものときに自分が感じた同じ思いを抱かせているんでしょうね。これではいけませんね」

Aさんは、自分のこれまでのスタンスを変えていくことを決意しました。

Aさんの場合、「自分のことは、自分で考え、為すべきだ」という幼少期から育まれたマインドセットが、一人のビジネスパーソンとしての成功をもたらしました。しかし、管理職は、こうした考えで部下に接していては役割の遂行は果たせません。

求められる役割に応じてマインドセットを進化させ、書き換えなくてはなりません。

過去の成功要因から逃れられない「束縛の罠」

▼目標にコミットしすぎた

成功の二つ目のダークサイドは**「束縛の罠」（離れられない……症候群）**です。

成長の原動力になった、商品・顧客・流通網などの経営リソース、理念・哲学・企業文化といった価値観などが、逆に足かせとなって変化を阻むことがあります。

「結果にコミットする」というCMが話題になり、急成長を果たしたライザップは、二〇一九年三月期決算において一九三億円の純損失を計上し、厳しい局面を迎えました。

こうした事態を引き起こした直接的な原因は、本業とのシナジー効果が得られるとは思えないM&A戦略にあります。

ライザップは、ゲーム、音楽ソフト、書籍小売りの新星堂や、TSUTAYAのFC店舗を展開しているワンダーコーポレーション、フリーペーパーのぱど、ジーンズを中心とした衣料品販売店のジーンズメイトなど、上場会社九社を含む八七社もの会社を無軌道に買収しました。

二〇一五年に発表した中期経営計画で、「全ての人が、より健康に、より輝く人生を送るための自己投資産業を事業ドメイン（領域）とする」と述べていますが、その内容とはかけ離れた企業を多く買収しています。

どうしてこのようなM&Aが推進されたのでしょうか。その理由は、会社を買収する際に生じる「負ののれん」といわれる収益にあります。

「負ののれん」をシンプルに説明しましょう。

会社の資産（会社が保有する現金や建物などの財産）から負債（会社が支払うことを求められる借金）を引いたものが純資産（資本金や利益の蓄積など、他人に返す必要のない自分たちの資金）です。たとえば、一〇億円の資産で負債が九億円の場合は、純資産は一億円です。

通常、M&Aではプレミアムがついて純資産額より高く買われます。たとえば、純資産一億円の会社を二億円で買収したときに、水増しして支払った一億円を「のれん代（正ののれん）」といいます。しかし、M&Aで純資産額より安く買い取ることも出てきます。純資産一億円の会社を五〇〇〇万円で買収すると、五〇〇〇万円の収益が計上されます。この金額が「負ののれん」です。

ライザップは、多くの会社を買収することで、「負ののれん」を計上して収益をかさ上げしてきました。しかし、当然「負ののれん」が生じる会社は闇の部分を抱えています。

ライザップの立て直しに招かれた、元カルビー社長の松本晃氏は「子会社のなかには不況産業がある。また壊れている会社も結構ある」と述べました。

将来、大きな損失を出す可能性を抱えながら膨張してきたのが、ライザップ急成長の実態でした。

この普通では考えにくい経営がなぜ行われたのか。それは、皮肉にもライザップの礎を築いたボディメイク事業の「結果にコミットする」にあると思います。

ライザップは、二〇一五年の中期経営計画で「六年後の二〇二一年にグループ売上三〇〇〇億円、営業利益三五〇億円」という目標を掲げました。それにコミットをし続けたのです。**目標に縛られた結果、無理な経営**に走ってしまったのでしょう。

▼顧客の要望に沿い続けた結果

自動車メーカー、フォードの創業者ヘンリー・フォードがこんな話をしています。

「まだ世の中に自動車がなかった時代、人々に『どんな乗り物がほしいですか？』と聞けば、『もっと速く走る馬がほしい』というだろう」

顧客の声に耳を傾け、それに応えるべく努力していくのは経営の常道です。しかし、ここでも光と影の法則が働きます。

ヘンリー・フォードの言うように、顧客の声に耳を傾けているだけでは、速く走る馬を探し、育てることに終始してしまいます。ライン生産方式によって大量に安価な自動車をつくるという革新的発想は生まれません。顧客の要望に束縛されることで、環境変化に対応できなくなることも出てくるのです。

産業の米と言われる半導体。一九七一年にインテルが、コンピュータで処理したデータを記憶する画期的な製品、DRAM（ディーラム。大規模集積回路）を開発します。

一九七〇年代はインテルをはじめアメリカの企業がDRAMの覇権を握りましたが、八〇年代に入ると、DRAMが大型コンピュータに使用されていくなかで日本企業がアメリカ企業を凌駕していきます。八六年には、日本企業の世界シェアは八〇％にも到達します。

当時、DRAMは大型コンピュータや電話交換機に使われていて、メーカーである顧客は高性能・高品質を求めました。日本企業はその要望に応え続け、ついには長期二五年保証という、アメリカ企業ではなしえない水準のDRAMを開発・生産し、圧倒的な競争力を獲得したのです。

その後、日本の量産工場では二五年保証の高品質DRAMを生産することが当たり前になり、極限技術をさらに追求していきます。

ところが九〇年代、ダウンサイジングの波が訪れます。パーソナル・コンピュータ時代の幕開けです。二五年保証という高品質なDRAMは必要なくなり、パソコン用の安価なDRAMの供給が求められる時代に入りました。

しかし日本企業は、大型コンピュータメーカーなどの主要顧客の求めに応じて、極限技術を追求して高品質ＤＲＡＭをつくり続けます。その結果、パソコンに二五年保証の高品質ＤＲＡＭを転用する形で対応することになりました。明らかに過剰品質です。パソコンに必要なスペックでつくられた安価な韓国製などの製品に席巻されてきました。

一九九七年に世界的ベストセラーとなった『イノベーションのジレンマ』のなかで、著者のクレイトン・Ｍ・クリステンセン教授は、**優良な企業が、優良な経営を行いながらも失敗する**ことを述べています。

「開発された技術は、その製品性能を顧客の求めに応じて高め続けていく」。これを「持続的イノベーション」と呼びます。

しかし、時代の変化とともに、性能は劣るものの桁違いに安価な製品やほかの特長をもつ製品が現れます。この「破壊的イノベーション」が、時間の経過とともにより大きな市場を形成して、高性能・高品質製品を駆逐していきます。クリステンセン教授は、こうした現象をさまざまな業界の事例で述べています。

日本の半導体メーカーの転落は、『イノベーションのジレンマ』で述べられていることがそのまま当てはまります。**顧客に束縛され、〝よいもの〟をつくり続けた結果**

でした。

▼成功のリソースが足かせに

今、日本国内ではＧＭＳ（総合スーパー）が苦戦しています。

大規模な店舗を構えて、さまざまなジャンルの商品を揃え、大量出店政策をとる。そして、大量販売することで仕入コストをどんどん下げていく。この昭和の成功モデルが、平成に入って行き詰まり、令和の時代はリストラのニュースも増え、本格的な淘汰が始まっています。

ＧＭＳの代表格であるイオンの岡田元也社長（当時）は、二〇一九年の第２四半期決算発表の場で「今のイオンは、大きな変化に対して変われているかというと、それはかなり遅れている」と述べました。

その一方で、ディスカウントストアのドン・キホーテは、独特の陳列と現場に対する権限委譲の結果、店舗ごとの独自性ある品揃えを実現して三〇期連続の増益を果たしています。ＳＰＡ（製造小売業）モデルで躍進している家具・インテリア販売のニトリも、三三期連続増益を続けています。

こうした勢いのある小売企業と比較して、総じてGMS企業はターゲット顧客が曖昧で、結果的に施策もキレのある手立てを講じられていません。

ネット販売への対応も完全に後手に回りました。リアルな売場を大量に抱えているゆえの危惧があったのです。

ネット販売に注力すれば、カニバリゼーション（共食い）を起こして店舗業績を落としてしまうという懸念です。多く抱えている店舗がコストダウンを求められ、必要な投資（人材・設備など）がなされず、競争力を失うという恐れが二の足を踏ませたようです。

過去の**成功要因であった店舗資産というリソースが足かせ**になっているのです。

同じく、ユニクロなどリアル店舗を多く有するファースト・リテーリングは、事業を「情報製造小売業」と再定義し、グローバルにITエンジニアを採用して内製化を図り、デジタル活用を急速に進めています。柳井正会長は「EC（電子商取引）を本業にする」と宣言しました。

GMS業態も大きな変革を指向していくことが求められています。

成功を失敗に導く「驕りの罠」

▼「業」が生み出すダークサイド

〈祇園精舎の鐘の声、諸行無常の響きあり。沙羅双樹の花の色、盛者必衰の理をあらはす。驕れる人も久しからず、ただ春の夜の夢のごとし。猛き者も遂には滅びぬ。ひとへに風の前の塵に同じ。〉

『平家物語』の冒頭部分です。「驕る平家は久しからず」という言葉が有名ですが、驕りを戒めることわざや格言は、「実るほど頭《こうべ》を垂れる稲穂かな」「勝って兜の緒を締めよ」など数多くあります。この章の冒頭で言葉を紹介したスティーブ・ジョブズをはじめ、古今東西さまざまな人も驕りを戒める言葉を遺しています。

人が不合理であるとわかっていても行ってしまう行為のことを、仏教では「業《ごう》」というそうですが、成功体験の三つ目のダークサイド**「驕りの罠」（すごいんだから症候群）は、「業」の最たるもの**でしょう。

成功体験が引き起こす「驕り」とその結果を、いくつかの事例で確認しましょう。

▼ブランドがもたらす驕り

二〇〇一年、シャープは液晶カラーテレビＡＱＵＯＳを発売、空前の大ヒット商品となりました。

当時の社長が、「二〇〇五年までにテレビをブラウン管からすべて液晶に置き換える」という構想を打ち出して液晶シフトを行い、亀山工場で大型液晶を生産。ＡＱＵＯＳを「世界の亀山モデル」とブランディングして拡販し、爆発的な成功を収めます。

シャープの液晶ＡＶ機器部門の売上は、〇四年時点で八三七四億円でしたが、四年後の〇八年に一兆五九八二億円。約二倍の伸長でした。

ちなみに、「亀山工場のテレビをください」と家電量販店にやってくる消費者が多くいたそうで、三重県の亀山市は一躍有名になりました。「亀山モデル」はメイド・イン・ジャパンのブランドとして、市場を席巻しました。

しかし、頂点を極めたシャープは成功体験のダークサイドによって転落していきます。引き金は、大阪の堺工場への投資でした。今日さまざまな人が堺工場についてコメントしていますが、大勢は「新たな工場投資はトップを走り続けるためには必要だった」という論調です。問題はその投資額でした。

堺工場は、甲子園球場の三三倍の敷地を有し、亀山第一工場の四倍の投資が行われました。当然、投資償却のために固定費が上がります。また、亀山工場と同じ工程が採用され、生産技術の革新がなされなかったため、コストダウンも図れませんでした。

結果、この投資が要因となって、シャープは台湾の鴻海精密工業に買収されます。冷静な市場分析、競合との競争予測を行っていれば、市場が拡大期に入って価格下落圧力が加わるなかで巨額の投資を行えば、採算をとっていくのが困難であることはわかったはずです。

しかし、その冷静な判断がなされませんでした。「世界の亀山モデル」として打ち出して大成功した、メイド・イン・ジャパンの**ブランドに対する過信**が判断を誤らせました。

▼優秀な人材が足かせになるとき

優秀な人材が会社の成長の足かせになることもあります。

私がBさんと最初に会ったのは、Bさんが係長の時代でした。社内で係長・主任クラスを対象とした中堅社員研修が行われ、Bさんはその参加者の一人でした。

Bさんは、研修のなかで行われるグループワークでは、他のメンバーを束ねて課題をスピーディーにこなしていきました。

休憩時間や研修終了後には、講師である私のところにやってきて頻繁に質問します。研修を終えてからも、メールで研修課題の進捗報告をしてくれました。その熱心な姿勢に、私も感銘を受けました。

そんな人物ですから、当然、仕事で成果をあげていきます。上位者も評価し、翌年には課長に昇進。それから一〜二年で、創業者である社長によって新規事業の責任者に抜擢されました。以下は、後日聞いた話です。

経験のある方はおわかりだと思いますが、新規事業の立ち上げはさまざまな意味で大変です。日々、試行錯誤の連続で思うように成果があがらず、いつになったら光明が見出せるのか、不安に苛まれます。

想定外の事態も頻発します。そして、これが一番つらいのですが、同僚や先輩、ときには上司から「いつまで成果の出ないことをやるのか」「あいつは俺たちの稼ぎで遊んでやがる」といった非難を受けます。Bさんに対しては、当時の花形だった事業部のメンバーからの攻撃が相当なものだったようです。

そんななか、Bさんは粘り強く事業を進めて、一〇年間でダントツの主力事業に育て上げ、その功績から常務取締役に昇進を果たしました。

若いときの研修でもその一端はうかがえましたが、ゼロから主力事業を育てる人ですから、自他ともに対して厳しく、強いリーダーシップをもっています。また、戦略性に富み、誰よりも斬新なアイデアを出し、スピーディーに行動に移します。親分肌でもあり、ともに苦労した部下への思いが強く、つながりは強固でした。

ただ、成功して役員になると、このよさが次第にマイナスの方向に振れていきました。

▼社長の黙認が事態を悪化させる

Bさんは目標レベルが高く、頭も切れるため、部下への要求水準も高くなり、部下の多くが要求に応えられなくなっていったのです。結果、叱責がいきすぎて部下を潰す、退職に追い込むという事態が増えていきました。

さらにBさんは、新規事業を始めたばかりのときに自分に批判的だった先輩や同僚に対して意趣返しを行いました。予算承認や人事評価などで冷遇したのです。

逆に、昔、一緒に苦労した部下、自分に対してイエスマン対応する部下は引き立てる情実人事を行いました。

創業者の子息で後継した現社長も、父親から「Bは今日の基盤を築いた最大の功労者なので、この役員だけは大切にしろ」と言われていたこともあり、いきすぎを感じながらも黙認を続けました。

しかし、黙認は事態をエスカレートさせるだけでした。社員がBさんの顔色ばかりをうかがってお客様や協力会社を見て仕事をしない、保身に走って問題を隠蔽する事態が頻発する、優秀な若手人材が次々と辞めていくなど、Bさんの振る舞いに端を発する問題が止まらない状況になりました。

ついにBさんは、社長が打ち出した方針を、自分の意に沿わないからと現場レベルで骨抜きにする動きまでとるようになりました。そして、いよいよ組織の疲弊が業績に現れ、会社は赤字に転落します。

この時点で、ようやく社長が決断をします。Bさんに子会社への出向を命じました。Bさんは、その数カ月後に退職したそうですが、やはり優秀な人ではあります。退社にあたって社長に挨拶した際、これまでの振る舞いを詫び、**「この数年間、成功による驕りという〝憑き物〟にとりつかれていた」**と述べたそうです。

社長は、「自分しか言ってやれなかったのに。おかしいと思ったときに指摘していれば、こんなことにならなかったのに」と悔恨の表情を浮かべて語りました。

次の成功を阻む「思考停止の罠」

▼成功が考えることを奪う

成功が人々から〝考えること〟を奪うケースもあります。

大きな成功を収めたあと、環境変化が進み、成功の要素が陳腐化しているにもかかわらず続けてしまう。成功をリードしてきた人たちに考えることを依存して、人も組織も成長できない。このような事態が生じることがあります。

最後は、こうした**「思考停止の罠」（当たり前でしょ症候群）**を確認していきましょう。

太平洋戦争における日本軍の失敗を分析した『失敗の本質』は、戦後にも引き継がれている日本の組織傾向について警鐘を鳴らしている名著です。そのなかで、敗北の本質として、「固定化された戦略発想」と「教条主義」が挙げられています。

海軍では、「大鑑巨砲主義」「艦隊決戦主義」。主力の戦艦同士が相対して砲戦で雌雄を決するという戦い方に則って、艦隊運用・作戦がつくられたことが敗因であると分析しています。

「大鑑巨砲主義」「艦隊決戦主義」の考え方は、明治期の日露戦争における日本海海戦での圧倒的勝利に起因します。日本海でロシアのバルチック艦隊を、東郷平八郎率いる連合艦隊が迎え撃ちます。参謀の秋山真之が採用した有名な「丁字《ていじ》戦法」を中心に、艦隊運用・作戦の練度を極めて、なし得る限りの準備を行って戦います。

その結果、バルチック艦隊に次のような壊滅的打撃を与えました。
・戦艦八隻のうち六隻撃沈、二隻捕獲
・巡洋艦九隻のうち五隻撃沈、一隻自沈、三隻武装解除
・海防艦三隻のうち一隻撃沈、二隻降伏
目的地ウラジオストックまで辿り着いたバルチック艦隊は、仮装巡洋艦一隻と駆逐艦二隻だけという結果でした。日本海海戦でのロシア側の死者は四五二四名、捕虜が

六一六八名。一方、日本は、小型の水雷艇三隻沈没、戦死者一一六名という結果で、いまだにどの海軍もなしえていない完全無欠といってよい勝利をおさめました。

日露戦争とその時代を描いた司馬遼太郎の大作『坂の上の雲』には、たった数日間で強大なロシアの大艦隊が霧が消えるように消滅した事実を世界が知ったとき、そして日本側の軽微な被害状況を知ったとき、世界中の新聞が「誤報ではないか？」という記事を掲載したと書かれています。

この**強烈な成功体験が〝考える〟ことを奪いました**。

秋山真之の考えをもとにした、「海戦要務令」という日露戦争時の海戦指南書が聖典化されていきます。本人は「海戦要務令を虎の巻のように使うのはダメだ」と言っていたのですが、大正、昭和と受け継がれていきます。

結果、世界が武器も技術も戦略・戦術も進化を続けているにもかかわらず、日本の海軍は、日本海海戦の成功体験をベースに太平洋戦争を戦います。主力戦艦同士が戦う「艦隊決戦主義」です。すでに海上戦の主役は戦艦から航空機に代わっていたにもかかわらずです。

皮肉にも、日本の真珠湾攻撃で航空機の威力を知ったアメリカ軍は、その後の戦闘では航空機を主力に置いた作戦運用に転換しましたが、当の日本が新しい成功体験を活かせませんでした。

技術開発においても成功体験が進化を阻みます。

昭和の海戦は、明治の日本海海戦の時代とは違い、広範囲な海域で複数の艦隊が連携して戦闘を展開する総力戦です。通信技術を強化して、味方内の連携を高めることが勝利の鍵を握りますが、日本の通信技術はお粗末なものでした。さらにいえば、レーダーでの航空機捕捉能力はアメリカとは雲泥の差でした。そして暗号解読技術は明治時代と変わらない状態でした。

結果は、ご承知の通り、敗北を重ねていきます。

昭和の連合艦隊参謀の一人が、「海戦要務令で書かれて指示されていたことは、実際の戦闘場面では一度も起きなかった」と証言しています。成功体験によって、組織の思考停止が起き、悲劇的な結果を迎えることになったのです。

陸軍について詳しくは触れませんが、これも日露戦争の成功体験からくる、銃剣を持って兵士が防備の固い陣地に突進していく「白兵銃剣主義」を軸にした戦いを進めて、海軍以上に悲惨な戦いが展開されました。やはり思考停止の状態に陥っていたのです。

▼優秀なリーダーが部下をダメにする

企業では、創業者、中興の祖、主力部門を立ち上げた役員、飛躍的な事業成長をリードした管理者など、優秀なリーダーが組織を成功に導きます。ただ、優秀で頭が切れるほど、自分を前面に押し出したときに成功のダークサイドが生じることがあります。どうしても優秀なリーダーの行動と、部下が考えて行う動きにはギャップがあります。部下に任せると成果が思うように出ません。施策推進のスピード感もありません。そんな状況が続くと、リーダーは不安に駆られます。そして自分が口出しをし、具体的な指示を与えて動かすことになります。

短期的には、経験・能力のあるリーダーの打つ手を実践すると成果が現れます。しかし、こうした干渉や介入を繰り返しているうちに、部下は下手に自分で考えて動くよりも言うことを聞いておいたほうがいい、楽だという心理になっていきます。リーダーに**頭を依存**していくようになります。すると悪循環が始まります。

部下に仕事を任せてみるもののやはり頼りない。意見を求めても出てこない。たまに出てきても愚策ばかり。致し方なく、自分が細かく指示を出して動かしていく。その結果、部下たちは自分で考えることを放棄して、リーダーの手足に徹するようになり、こうした上下関係が強化されていきます。

さらに、要求水準の高いリーダーの場合は、部下が思うように動かないことに苛立ち、怒りをぶつけます。すると、上司に意見具申するという部下の役割が組織やチームから消え去っていきます。

ときどき、こうした優れたリーダーが部下の行動を萎縮させる例を見かけることがあります。

以前、ある上場会社で管理職向けの研修をするなかで、上司の支援者としてのフォロワーシップのあり方について、「フォロワーの行動モデル」（左ページ図参照）を解説する時間がありました。

部下に求められる力は大きく二つ。一つは上司の考え・思いをつかみ、それを体現する姿勢・能力である「貢献力」。もう一つは、さまざまな事柄について自分なりの

フォロワーの行動モデル

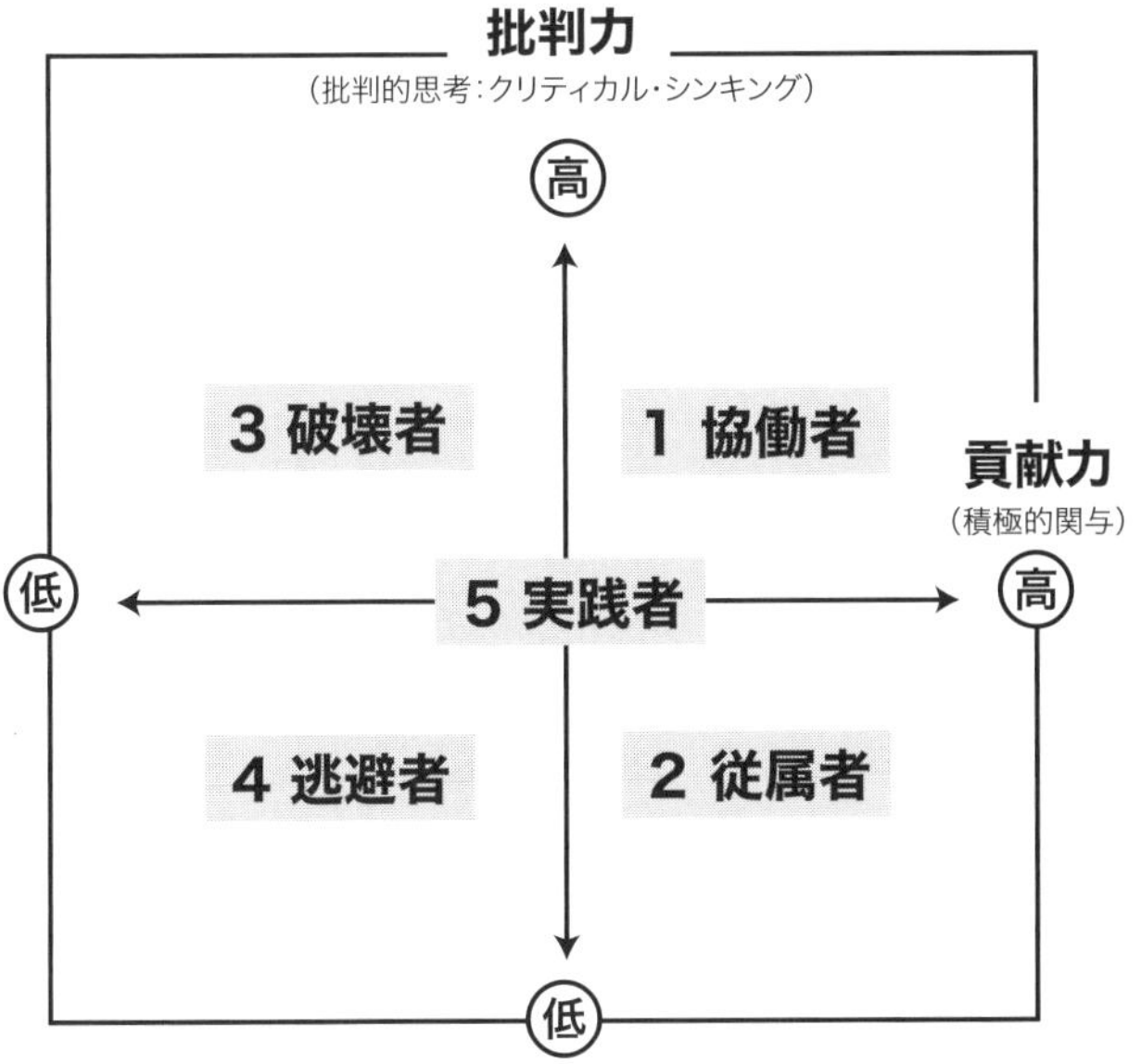

1 協働者…批判力、貢献力ともに高い模範的フォロワー
2 従属者…イエスマン型フォロワー
3 破壊者…評論家型フォロワー
4 逃避者…役割遂行を果たせていない消極的フォロワー
5 実践者…自分の守備範囲については役割を果たすフォロワー

意見をもち具申・提言する「批判力」であるという話をしました。

私が話したあと、一人の受講生にコメントを求めると、「上司に意見を言ってもいいんですか？」と真顔で聞かれて、衝撃を覚えた記憶があります。やはりその会社の上位者は〝できる人〟の集まりでした。

組織には五つの人が存在するといわれます。組織の宝となる「人財」。組織貢献を果たしている「人材」。昔は活躍していたが今はパフォーマンスが上がらない「人済」。組織の負担となる「人罪」。そして、**主体性がなく指示に従って動く「人在」**。

優秀なリーダーが**「人在」**ばかりをつくってしまうこともあるのです。

「思考停止の罠」に陥る別パターン

▼〝言える化〟の環境をつくる

アイスキャンディの「ガリガリ君」で有名な赤城乳業。

コーンポタージュ味の「ガリガリ君」など斬新な商品を次々と投入したり、サッカー日本代表とのコラボレーションを仕掛けたり、ユニークな取組みを行って業績も右肩上がりです。二〇一八年度の売上は一〇年前の約二倍という好調さです。

この躍進の秘訣は、〝見える化〟になぞらえて、**〝言える化〟**と称されていますが、年齢・役職に関係なく、自由に考えを言い合える環境づくりを進めていることにあります。

上司と遠慮なく話せる関係であるか否かが、社員の能力発揮レベルを変え、ひいては業績に大きな影響を及ぼします。〝言える化〟の要素は次のようなものです。
・上司は、部下の問題認識や言動を見過ごすことなく指摘フィードバックを行う
・部下は、上司に物怖じすることなく意見具申する
・方針や指示に対して納得がいかなければ腑に落ちるまで問いただす
・部門間においても言うべきことは伝えていく
こうした、タテ・ヨコの間で言い合える関係にある組織は、社員が自律的に考えて動き、環境変化への対応力も総じて高いものがあります。

私が若い頃にうかがった企業で、これとは対照的な組織がありました。

役員会議に同席すると、話しているのは社長ばかり。役員がたまに話す内容は、社長の意見を肯定するか、具体的にどのように動いていくかということで、自分たちの考えや思いが出てきません。

ちなみに社長は柔和で、私と一対一で話をしていても、持論を語るよりも私の意見を聞く時間のほうが長い方でした。トップダウンで上から押さえつけるようなタイプ

ではありません。

次に、複数の役員が参加する管理職会議に出向くと、今度はしゃべっているのは役員ばかり。管理職は、一生懸命にその話のメモをとっています。会議というよりセミナーを受講しているような雰囲気です。役員も皆さんよい人たちばかりで、アクの強い、攻撃的なリーダーシップをとる人は一人もいません。

上が強いタイプであれば社員が受身になり、意見が出ないことはわかります。ただ、この企業は違いましたから、「どうしてこんな状況に陥るのか」と不思議でした。

ある日、社長と面談するためにその企業を訪れました。応接室に入ってしばらく待っていると、ふと創業者と社長の父親である先代の肖像写真が目に留まりました。ちょうどそのタイミングで、社長が応接室に入ってこられたので、お亡くなりになっている二人の話を聞きました。ここですべての謎が解けました。

▼いない人の影響を受ける「ゴースト現象」

創業者も先代も、典型的な〝ワンマン社長〟でした。とくに先代はトップダウン型で、微に入り細をうがって社員に指示を出して動かす方でした。社員が意に沿わない言動を行うと厳しく叱責したそうです。その結果、社員に、外（顧客・市場）や下（部下・後輩）ではなく上を向いて仕事をし、課題解決については、**最良の方策を考えるのではなく、社長の考えという〝正解〟を探す思考習慣**が根づいたようです。

リーダーのワンマン度が高ければ、自己を主張する元気なタイプの社員は、リーダーとぶつかり、見切りをつけて辞めていきます。そして、草食系のタイプばかりが残ります。フォロワーの行動モデルでいう「従属者の集団」になってしまうのです。

このような組織運営スタイルが、社風として継承されていくことが多くあります。この会社では、現社長も役員も、リーダーシップのあり方についてのマインドセットが先代の強い影響を受けています。また、部下も「上意下達」の強い風土に染まっているので、自動的に受身スタンスのマインドセットになっています。

上下互いのマインドセットが接するたびに強化されていき、特有の風土がより強固なものになっている状況でした。

この会社は、この世にはいない、この場にはいない、過去のリーダーの**「ゴースト」の影響**を受け続けていたのです。

第2章

なぜ成功体験のダークサイドが生じるのか？

ダークサイドを生む五つの要因

▼人間は錯覚する

次の図のヨコ線は、どちらのほうが長いでしょうか？

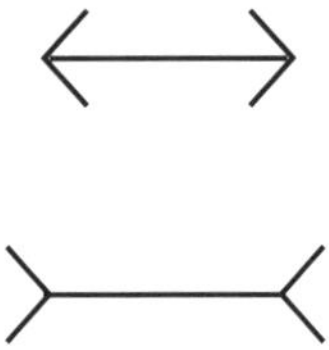

一見、下のヨコ線のほうが長く見えますが、どちらの線も同じ長さです。同じ長さのヨコ線に、向きの異なる矢羽を付けるだけで、私たちは錯覚を起こして下の線のほうが長く見えてしまいます。

これはドイツの社会学者・心理学者ミュラー・リアーが一〇〇年以上前に発表した図で、人の認知・情報処理のメカニズムの研究に使われています。

この章では、以下の五つの観点から成功体験のダークサイドが生じる要因を確認していただきます。

①認知心理学
②日本人が培ってきた文化・風土
③役割認識
④成功要因分析
⑤人間の行動原理

まずは、矢羽の事例に関連する認知心理学の観点から見ていきましょう。

心にかけている色メガネ①

～「認知心理学」からの要因分析～

▼判断を誤らせる偏見

認知心理学では、偏見や先入観による無意識の思考の歪みを**「認知バイアス」**といいます。平たくいうと、〝色メガネ〟です。

私たちは色メガネをかけて物事を見ているために、実態・事実とは異なるかたちで物事をとらえて、非合理な判断・意思決定をしてしまいます。

たとえば、血液型による個性判断というものがあります。A型はマジメで几帳面、B型は熱しやすく冷めやすい、というように血液型で個性傾向を考えます。しかし、血液型と性格の因果関係について科学的根拠はありません。世界的にみれば、これだけ多くの人が血液型と性格の因果関係を信じているのは日本人だけのようです。

「入社予定の新入社員はラグビー部出身だ。根性のある奴が入ってくる」などという考えにも認知バイアスがかかっています。TVドラマやラグビーワールドカップの影響がありそうです。あるいは一人、二人のラグビー経験者の傾向、友人から聞いた話といった少数意見の一般化によるものです。私たちはこうした必ずしも事実とは限らないことから物事を判断してしまうことがあります。

「私は雨女」「僕は雨男」などと考える傾向も同様です。何かのイベントの際に一～二回、雨が降ったという経験から、そのように考えるようになります。

どうしてこのような認知バイアスが生じるのでしょうか？

ひとつは脳の容量に関係があります。

私たちは、日常において、膨大な情報に触れながら多くの意思決定を求められています。

利用客の多い駅の構内を歩いていると、前から後ろから多くの人と行き違います。電車が動く音、到着や出発を知らせる駅員のアナウンスが聞こえ、画面が次々に切り替わるデジタル・サイネージ（広告）が目に入り、喫茶店の前を通りかかるとコーヒーのよい香りがします。

このように、私たちは駅の構内を歩くだけでも大量の情報に触れています。そして、「前から来た人に道を譲るか？」「広告に出ている医薬品は本当に効果があるのか？」「電車の出発まで多少時間があるが、喫茶店に入るべきかどうか？」など、判断や意思決定を連続的に行っています。

しかし私たちの脳は、このような大量の情報をすべて受け取り、吟味して、判断・意思決定を下すだけの処理能力をもっていません。そこで、過去の経験則や信憑性のありそうな情報で意思決定を簡略化していきます。

私たちは、こうした脳の容量と、太古から培ってきたDNAに深く刻み込まれた本能や願望から、ときに歪んだ偏りのある非合理な判断をしてしまうことになります。

たとえば昨今、地震や水害で逃げ遅れる人のニュースをよく聞きます。こうした行動は、**「正常性バイアス」**という認知バイアスがかかっていることが主因といわれます。予期しない事態に遭遇した際、人はそのストレスで心が壊れないように「これくらいは大丈夫だ」と平静を保つ心理を働かせます。そこに、これまで無事だった、被害がなかったという経験が重なり合い、**リスクを過小評価して逃げ遅れが生じる**のです。

コロナウイルス感染の初期段階でも、よく取りざたされました。

「バンドワゴン効果」という認知バイアスもあります。**支持する人が多ければ多いほど、その支持が増えていく現象**です。いわゆる〝勝ち馬〟や流行に乗る心理です。

「行列ができている飲食店は美味しいだろう」と考えて自分も並ぶ、ネット通販で本や家電製品を購入する際、口コミやレビューが高評価であれば購入するというように、自分で情報を収集して分析をした結果で判断を下すという作業を省略して、大勢に沿った、必ずしも事実に基づかない意思決定を行うことをバンドワゴン効果といいます。

これは、〝仲間と同じであることで安心感が得られる〟という心理に根差すものでもあります。とくに日本人は「空気を読む」など、周囲と同じでありたいという指向が強いため、このバイアスが強くなると思われます。

こうしたバイアス現象のなかでも次に紹介する二つの例は、生じやすく、かつ成功体験のダークサイドを引き起こします。

心にかけている色メガネ②
～ダークサイドを生みやすい原因～

▼「今のままでいたい」がマイナスに働く

現状に不満はあるものの、すぐに変えられず、先送りするということがあります。たとえば、パソコンの使い勝手がよくないと思いつつ、新しいパソコンに慣れるのに苦労するかもしれないので買い替えを先送りする。ランチに行く店では、いつも無難な二～三種類のメニューから選んでしまう。コストが高く、融通が利かない物流業者を変えたいとは思うものの、新しい業者が希望に沿った働き方をしてくれるか心配なので、なかなか決断できない。

こうした、現状を変えることで好ましくない事態が生じるリスクを回避しようとする心理を**「現状維持バイアス」**といいます（73ページ図参照）。

現状維持バイアスが生じる要因は二つあります。

一つが**保有効果（授かり効果）**といわれる要因です。

自分が所有しているものに高い価値を感じているため、手放すことに強い抵抗感がある、あるいは新しく得られるものと比べて、すでに所有しているものに高い価値を感じる。こうしたことを指します。

図式にすると次のような形になります。

保有しているもの ＞ 新しく得るもの

人は、新しく得られるものと比較して、すでに保有しているものに四〜七倍の価値を感じているといわれます。

もう一つが**損失回避**といわれる要因です。

これは、人は不確実性の伴う利益より、確実な（損失が回避できる）利益を選択するという考え方です。ノーベル賞経済学者で、行動経済学の創始者であるダニエル・

カーネマンが提唱したプロスペクト理論のなかで語られています。

次の場合、AとBのどちらを選択するでしょうか？

・A：無条件で一万円がもらえる

・B：五〇％の確率のくじ引きで、〝当たり〟が出れば二万円もらえる。〝はずれ〟なら何ももらえない

この場合、ほとんどの人がAの「無条件で一万円がもらえる」を選択します。確実に利益を得られる（損失を回避する）ほうを選ぶのです。

これら「保有効果」と「損失回避」という二つの要因によって、現状維持バイアスが生じます。私たちには「不確実な未来にチャレンジするよりも現状を優先する」「確実な利益を得ようとする」という傾向があるのです。

第1章で紹介した、本格的にデジタル化・事業多角化に踏み出すことなくフィルム事業に固執したコダックの倒産（25ページ）、店舗リソースに縛られたGMSの低調（42ページ）などは、現状維持バイアスが働いた結果であると考えられます。

現状を維持したいというのは、人間の自己防衛本能から生じているバイアスで、誰

現状維持バイアス

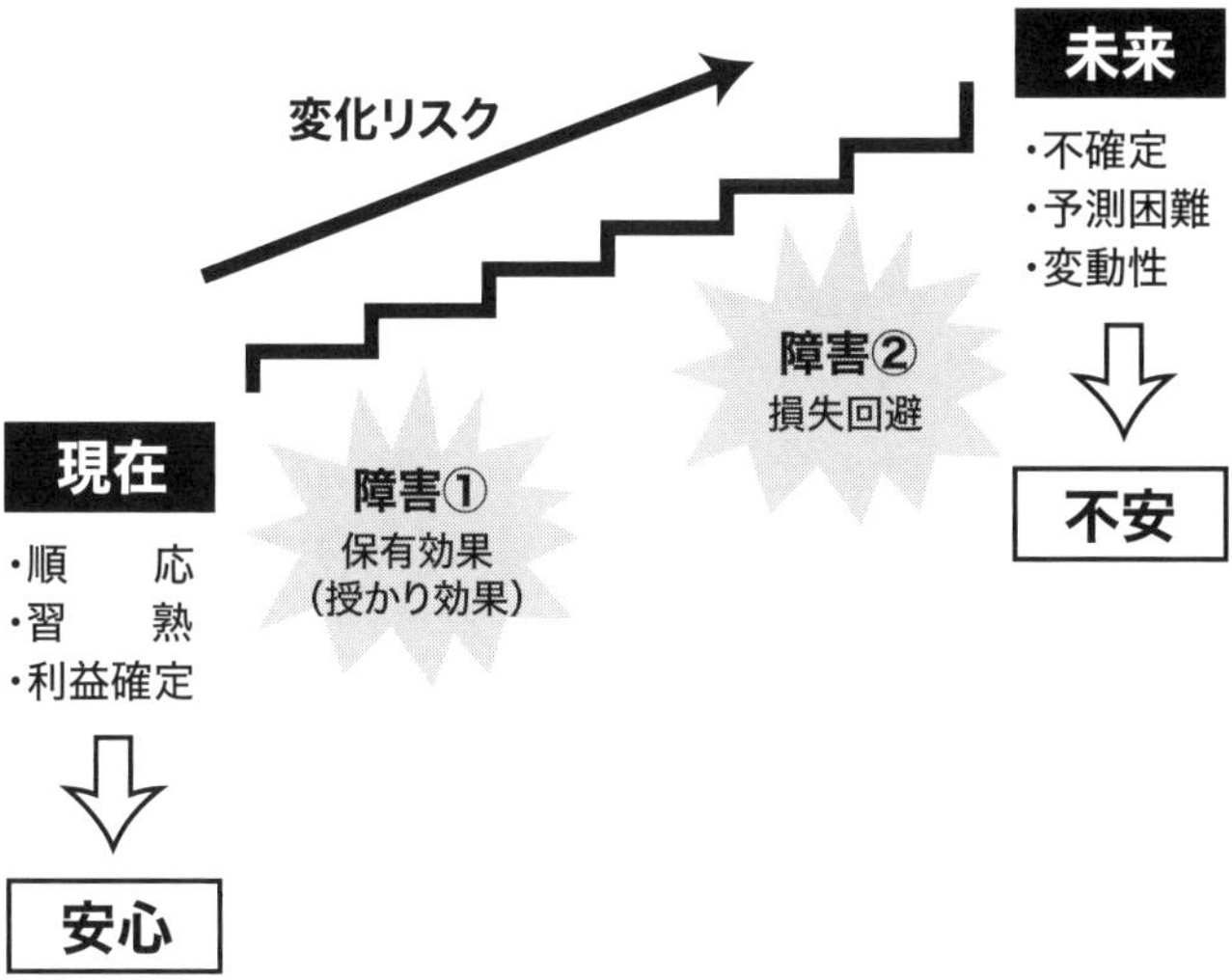
変化リスク
未来
・不確定
・予測困難
・変動性
不安
障害②
損失回避
現在
・順　　応
・習　　熟
・利益確定
安心
障害①
保有効果
(授かり効果)

しもが陥るものです。

しかし今、環境変化がますます激しくなっていく時代を迎えています。変化を客観的に分析し、都合のよくない要素から目を逸らさない、いわば**見たくない現実を直視して、変えるべきものを変えていくこと**が強く求められます。

▼思い込みや願望を疑ってみる

成功体験のダークサイドを引き起こす認知バイアスは、現状維持バイアスだけではありません。もう一つ**「確証バイアス」**があります。

確証バイアスとは、無意識に、先入観や願望を補完強化する情報に焦点が当たり、逆に先入観や願望と合わない情報は耳に入らない、目にとまらないという心理現象を指します。

よく「恋は盲目」といいます。一度相手を好きになると、好きを裏づける情報しか目にとまらなくなり、欠点や短所に意識が向きにくくなります。これも確証バイアスによるものです。

企業事例を紹介しましょう。

ある販売会社では、この一年、業績が低迷傾向にありました。とくに直近の二～三カ月は、前年比も目標比も未達の状況です。営業企画部門から三カ月前に異動してきた営業部長が、抜本的な対策を打たなければならないと考えていたとき、ある部下の顧客訪問に同行することになりました。営業部長は初めて訪問する顧客で事情を把握できていなかったため、商談は部下に任せましたが、隣で話を聞いているとストレスが溜まってきました。商談内容のレベルが低く、しだいにもどかしくなってきたのです。

この一件から、業績低迷の原因は部下の商談スキルにあるのではないかと考えました。他の部下に同行してみると、これまでは感じなかったアラが見えてきました。営業日報を見ると商談の進め方に疑問を感じます。社内教育の一環で行った営業ロールプレイング（模擬商談）は突っ込みどころ満載でした。

こうしたことから、営業部長は自らが講師となって、商談レベルの強化を目的とした社内勉強会を、営業時間を割いて行うことにしました。しかし、その後も業績は思ったように伸びません。なぜでしょうか。

業績低迷の本質的な原因は別のところにあったからです。営業パーソンの質ではなく、商品力が競合他社に劣っていたことが真因でした。

もう一つ事例を紹介します。

ある中小企業の役員と話をしていると、ある管理者に対して不信感が募っていると言います。「管理者Aは外に出ていることが多く、部下とコミュニケーションが図れておらず、マネジメントができていない」ということでした。

どうして、そのような認識に至ったのかをうかがうと、次の答えが返ってきました。

「その管理者の部署に出向くと、四～五回に一度しか席にいない」

「その管理者の部下の一人に話を聞くと、最近、管理者とコミュニケーションは少ないと述べた」

「その管理者の予定表を見ると外出ばかりだ」

しかし、これはたまたま繁忙期であるために外出が増えているのかもしれません。外に出ていても、部下と同行をしながら、指導やコミュニケーションを図っているかもしれません。また、コミュニケーションが少ないと語った部下は優秀で、管理者がかまう必要がないのかもしれません。

後日、この企業のほかの人たちから話を聞くと、この役員とその管理者は若いときから仲が悪く、双方、不信感をもっているとのことでした。

人は、**「見たものを信じる」のではなく、実際には「信じていることが見える」**といいます。思い込みや願望を強化する、自分勝手な目と耳をもっているのが人間の特徴です。

この傾向が成功体験と結びついて問題を生じさせます。

第1章で紹介した、国内に過剰な投資を行ったために身売りすることになったシャープ（45ページ）、自分のほうが優れていると思い込んで、組織に混乱を招いた経営者（26ページ）などは、自分に都合のよい情報ばかりを集めて、客観的に自分たちの状況を考えることができなかったゆえの結果です。

「練磨の文化」の落とし穴
～「文化・風土」からの要因分析～

▼日本の文化が影響する

日本には世界に誇れるシステム・技術が数多くあります。

たとえば、最速三〇〇㎞のスピードで走り、最短三分間隔で運行する新幹線。高速性・安全性・正確性の面で、素晴らしい運行システムを誇っています。

その優れた運行はいくつかの要素に支えられています。

新幹線の車両には、一六両で二万本のボルトが使われているそうです。そのボルトを締めるナットには、〝絶対に緩まないナット〟が使用されています。このナットは、世界の高速車両をはじめ、世界最長の吊り橋である明石海峡大橋、スペースシャトルの発射台にも使われているものです。

日本は地震が多く発生する国です。そこで地震発生時に三〇〇㎞の高速で走行していても車輪が脱線するのを防ぐ、脱線防止ガードが開発されて設置が進んでいます。

また、世界からミラクル・セブンミニッツ（奇跡の七分間）と称される新幹線車両の清掃。わずか七分間で完璧な車内清掃が行われます。清掃員は、座席前にあるテーブルの拭き掃除をする際にはテーブルを四五度開きます。すると埃に影ができて確実に見つけて除去できるそうです。また、乗客の行動パターンを分析して、迅速、確実に携帯電話や切符などの忘れ物を発見できるようにしているそうです。

そのほか、誤差数センチのGPSシステム、宇宙船にも使用される高強度の炭素繊維技術、他国と比較してレベルの桁が違うといわれる超微細金属切削技術など、世界に誇れるシステム・技術が数多く存在しています。

こうしたシステム・技術を生み出すことができる背景には、「求道者」という日本語があるように、一つの道を極めていくことを尊ぶ**練磨の文化**があります。

これは〝守破離〟という考え方にも関連します。

〝守〟とは、師匠の教え、型（基本）を、気の遠くなるような時間をかけて修練に励み体得すること。

〝破〟とは、他の師匠・流派の教えも取り入れながら、自分なりの改良を加えて発展させていくこと。

〝離〟とは、師匠や流派から離れて、独自の考え方・方法を確立すること。

守破離の考え方は、武道・茶道・芸道の世界で使われ、ものづくりの職人の世界でも、この考え方に則った形で技術の練磨・継承がなされてきました。

幕末、西洋人は、ペリー来航から間もなく自力で蒸気船を建造した日本に驚いたといいますが、江戸時代に練磨の文化によって基礎的な技能が培われていたのです（蒸気船を独力で建造したのは、薩摩藩、佐賀藩、宇和島藩でした）。

この練磨の文化が、奇跡と言われた明治期の成長、戦後の高度経済成長の要因の一つとなりました。

▼日本人は「達成指向」が強い

「ホフステードの六次元モデル」というものがあります。国による文化の違いを六つの切り口（次元）で数値化して表したもので、オランダの国際経営学・組織心理学の教授で、「文化と経営の父」といわれるヘールト・ホフステードが考案したモデルです。

文化の違いをみる六つの切り口は次のとおりです。

①権力格差……権力階層を重視するか？　平等を重視するのか？
②集団／個人主義……自分が属する集団の利益優先か？　個人の利益優先か？
③女性性／男性性……日々の営みを大切にするのか？　目標に向かって突き進むのか？
④不確実性の回避……不確実なことや知らないことを脅威ととらえるか？　そうでないか？
⑤短期志向／長期志向……将来に対して短期志向か？　長期志向か？
⑥人生の楽しみ方……抑制的か？　解放的か？

これら六つの切り口で、国別に調査を行って〇～一〇〇のスコアに数値化した結果があります（詳細は、宮森千嘉子・宮林隆吉著『経営戦略としての異文化適応力』参照）。

六つのうち、日本が一番高かったのは、③の「女性性／男性性」でした。スコアは一〇〇点満点中の九五点。

女性性とは「生活面の質重視」で、男性性は「達成志向」です。五〇点を境にゼロに近ければ近いほど女性性が強く、一〇〇点に近いほど男性性が強いというもので、明らかに日本は男性性（達成志向）が高かったのです。

日本人は、目標に向かって粘り強く努力を続けて成功を果たす志向が強いということになります。

これは、一つの道を極めていく練磨の文化の影響からきていると思われます。ちなみに、九五点は世界一〇一カ国の調査でスロバキアに次ぐ二番目の数値でした。

▼成果が得られない道を突き進む

練磨の文化は、より速く、より強く、より軽くというように性能を追求すること、より高みをめざすことに意識を向けやすくします。

結果として、〝やりすぎ〟を生み、市場のニーズと乖離していく場合が出てきます。「多機能すぎて使い切れない」「ここまでのレベルの品質は、ほんの一部の人にしか必要ない」などのオーバースペックを生じさせます。

そして**視野狭窄**も起こします。視野が直線的になり、周りが見えなくなっていく可能性が生まれやすくなるのです。

ここに、先に紹介した、先入観や願望を補完する情報に意識が向き、合わない情報は入れない「確証バイアス」が重なると、**成果が得られない道を一心不乱に突き進むような状況**が生まれます。

アップルが、携帯音楽プレイヤーとウェブ上のiTunes Storeを接続させて音楽の聴き方を変革しているにもかかわらず、従来型のウォークマンの機能で勝負して、音楽業界の主役の座を奪われたソニー。これが典型的な事例です。

この関係は、それ以前から続いています。

太平洋戦争で活躍した日本の戦闘機ゼロ戦は、当時、世界的に航続距離・運動性能において最先端レベルにありました。そして、月月火水木金金と言われた猛特訓によって培った高度な射撃と操縦の技術をもつパイロットはゼロ戦の機能を存分に引き出し、一対一の戦闘では相手を圧倒しました。

ただ、ゼロ戦は機動力を極限まで追求した結果、機体の重量を落とすことになり、防御力が低くなっていました。あわせて、設計が複雑になったことで量産が難しくなりました。いわばゼロ戦の強さは、極限を具現化した芸術的な機体と人間技にありました。

ご承知のとおりゼロ戦は、いつしかアメリカ軍に敗れていきます。

なぜでしょうか？

短期間にゼロ戦のパイロットを超える人間を養成することはできません。即席でゼロ戦を超える、運動性能が高く、航続距離の長い飛行機がつくれるわけでもありません。それなのに、アメリカは日本に勝ちました。

アメリカは発想を変えたのです。パイロットの技能が劣っていても、運動性能で負けていても、勝てる方法を考えました。

新たに開発した機体では、弾が当たってももちこたえられる防御力を高めました。

結果、攻撃を受けてもパイロットが生き残り、戦線に多くの人間が復帰します。設計についても、ゼロ戦のような複雑なものにせず量産が容易なものにしました。武器も命中精度を問わないものを開発し、機体をかすめただけでも撃墜できる武器になりました。

戦術も、経済力と量産の容易さによって大量に飛行機を生産し、そしてパイロットが復帰できたことから、一対一ではなく数的優位をつくれるように展開を進めていったのです。

このように、昔も同じようなことが起きていたのです。技を極めて、直線的に戦おうとする練磨の文化の日本。柔軟な発想で、ゲームチェンジを仕掛けて仕組みで戦うアメリカ。

ゼロ戦、ウォークマンだけでなく、昭和の始まりから令和の今日まで、数多くの同様のことが起き続けています。

VUCA（変動性・不確実性・複雑性・曖昧性）ワールドといわれる、変化の激しい、予測困難な時代を迎えています。柔軟な発想で、練磨の文化のマイナス面を克服することが、日本企業の命題の一つと言えるでしょう。

社員が「役割」を見失ってしまう
～「役割認識」からの要因分析～

▼健全な問題意識をもつ

個人に焦点を当てて考えてみましょう。

「問題」というと、私たちはどうしても悪いイメージをもってしまいますが、人は健全な問題意識をもつことで、現状を変えて、よりよくなるための行動をとっていきます。

では、「健全な問題意識」をもつためには何がいるのでしょうか。まずは、「問題」という言葉の定義を確認します。

「問題」には、「目標（あるべき姿）と現状のギャップ（差）であり、解決を要する

抽象的思考と具体的思考

〈抽象的思考〉

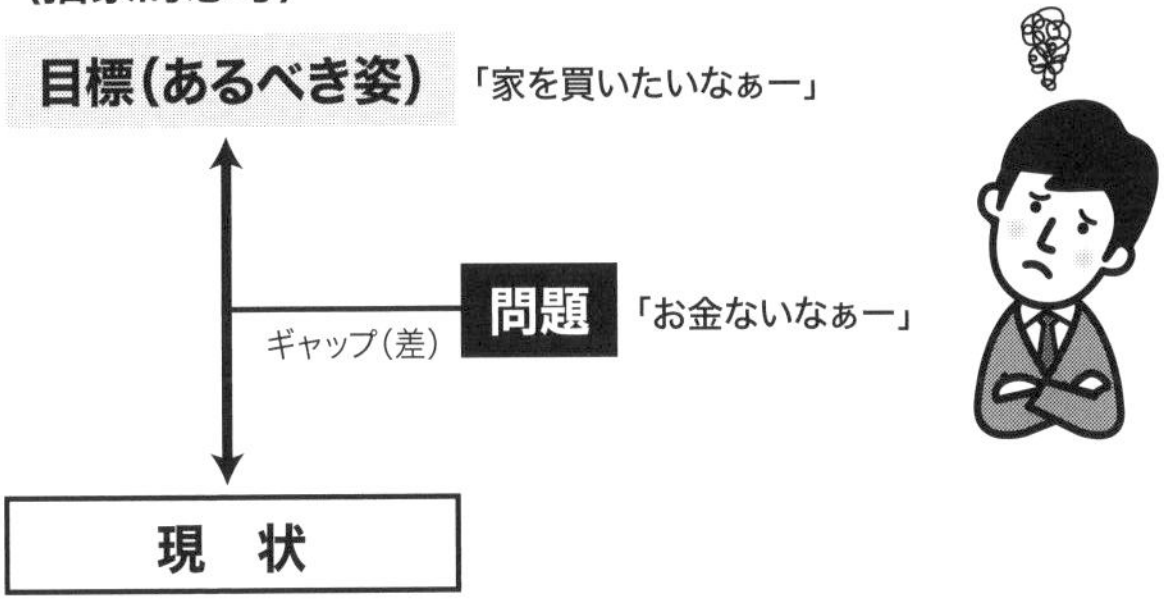
目標（あるべき姿）
「家を買いたいなぁー」
ギャップ（差）
問題
「お金ないなぁー」
現　状

〈具体的思考〉

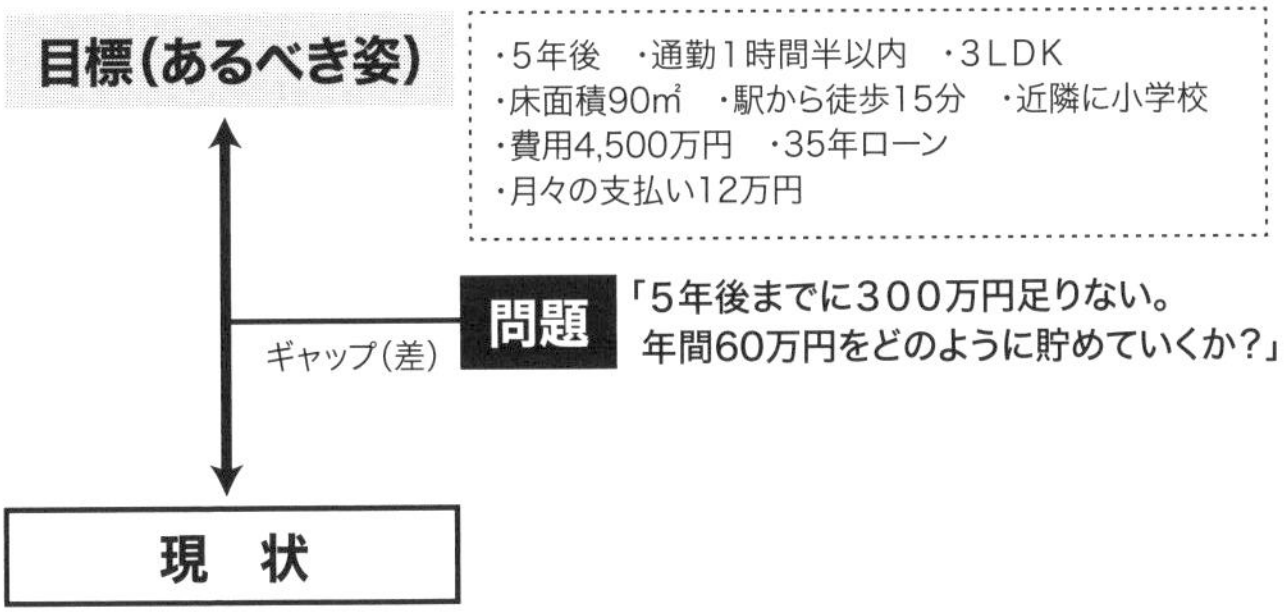
目標（あるべき姿）
・5年後　・通勤1時間半以内　・3LDK
・床面積90㎡　・駅から徒歩15分　・近隣に小学校
・費用4,500万円　・35年ローン
・月々の支払い12万円
ギャップ（差）
問題
「5年後までに300万円足りない。
年間60万円をどのように貯めていくか？」
現　状

事柄」という定義があります。

たとえば、ある営業パーソンが、顧客訪問のアポイントを一〇時にとっていましたが、間に合わず一〇時三〇分になりました。当然、彼は問題を感じます。三〇分遅刻したという、目標（あるべき姿）とのギャップが生じているからです。

このように意識すれば、今後同じことがないように、もっと早く出発する、遅れが生じにくい交通手段に変更するなどの改善行動をとることができます。

よりよくなるための行動をとるには、現状を正確に認識することと、目標（あるべき姿）を認識していることが必要です。

▼「目標」が具体化されていない

よりよくするための行動を起こしていく、言い換えると、**変化することの動機づけを行うためには目標の具体化が求められます**。

ある人が「家を購入したい」と考えたとします。

漠然と「家がほしいなぁ」というレベルで思考を止めていると、問題意識も「お金ないなぁー」と抽象的になります。これでは、なかなか家を購入するための動きはとれません。思考を深めて具体化する必要があります。

五年後に、通勤時間一時間三〇分以内。3LDKで延べ床面積は九〇㎡程度の物件。最寄り駅から徒歩一五分程度。近隣に小学校がある。費用は土地込みで四五〇〇万円程度。三五年ローンで月々の支払いは一二万円。

ここまで考えると、頭金がどれくらい必要か算出できます。すると、現在の貯金と比較して足りない金額が出てきます。三〇〇万円足りないとすれば年間六〇万円をどのように貯めていくかを考えます。

このように具体化できれば、方法も考えやすいでしょうし、何よりお金を貯める動機づけがなされます。

▼環境が変化すれば役割も変わる

第1章で、「名ばかり管理者」に陥り、部下の指導・育成ができていなかった管理者の事例を紹介しました（30ページ）。

問題の原因は、幼少期の体験から培われた「自分のことは、自分で為すべきだ」というマインドセット（過去の体験から固定化された見方・考え方）にありました。

そのマインドセットは、ビジネスパーソンとして成功をもたらしましたが、管理者に求められる役割を踏まえれば、こうした考えでは役割は果たせません。

求められる役割に応じたマインドセットの進化・書き換えができていないのが、その本質的な原因でした。

この場合、管理者として求められる役割、言い換えると〝目標（あるべき姿）〟を具体的に考えていれば、視座が高まり状況は違っていたのではないでしょうか。

左ページの図は、業種・業態、職種、会社の規模を超えて、管理者に実践が求められる役割を記載したものです。

こうした、具体化・言語化された役割やあるべき姿と向き合っていれば、マインドセットは、もっと前の段階で少しずつ書き換えられたのではないかと思われます。

成功体験に引きずられた、機能しない発想・考え方を書き換えるには、社内外の環境変化に伴う、自身に求められる役割を問い続けていく習慣をもつ姿勢が肝要です。

管理者の主な役割と責務

管理者の役割 （大項目）	管理者の役割 （小項目）	
■リーダー 部下の力を最大限に引き出すマネジメントを行い、部下と共に、全社方針（理念・事業計画など）を実現し、担当部署に求められる成果を上げる	①業績向上	担当部署の業績（売上向上・コスト削減など）向上に努め、求められる結果を創出する
	②目標管理	担当部署または部下の目標達成に向けた管理活動（PDCAスパイラルアップ）を推進する
	③部下育成	部下の概念・知識・技能・習慣などに好影響を与え、育成を図る
	④部下管理	部下の業務生産性を向上させる働きかけ（モチベーション強化、メンタルケア、アドバイス・指導など）を行う
	⑤適正評価	部下の成果・活動プロセス・能力レベルなどの適正な評価を行う
■フォロワー 上位者とのパートナーシップ（上位者への提言力・貢献力が必要）を築き、共通の目的・目標を実現する	⑥問題発見（形成）・解決	発生型問題だけでなく、向上型・未来型問題を発見、創り出し、解決活動を行う
	⑦経営（上位）方針の浸透	全社もしくは上位者の方針を、部下の状況を踏まえ、咀嚼して伝達し、浸透を図る
	⑧現場情報の伝達	上位者に必要と思われる現場情報を、ピックアップして伝達する
	⑨外部情報収集	全社・担当部署の運営に必要な、市場・競合などの外部情報を収集し、関係者と共有する
■コーディネーター 他部門・部署の目標・状況を把握し、自他共（全社的）に有益な結果を生み出す	⑩上位者への提言	上位者に対して、自分なりの意見を提言し、多角的な判断をするための参考材料を提供する
	⑪上位者への貢献	上位者の思い、考えをつかみ（言われるのを待つのではなく）、その実現に向けた活動を図る
	⑫仕組みの構築・運用	全社的もしくは担当部署の、業務遂行レベル・効率を高める仕組みをつくり、定着を図る
■プレイヤー 蓄積してきた高度な技能を活かし、難易度の高い業務推進を行い、成果を創出する	⑬部門・部署間連携	部門・部署間の連携を図り、全社的な活動がスムーズになされるように努める
	⑭他部門・部署への提言	他部門・部署の業務改善（全社的にも有効な）に必要な提言を図る
	⑮担当部署の活性化	担当部署のメンバー同士の協力が深まる働きかけを行い、活性化を図る
	⑯重要業務の推進	高度な業務（部下では為し難い）の推進にあたり、求められる結果を出す

成功の真因が見えていない

～「成功分析」からの要因分析～

▼本質を分析する

東京の千代田区にある公立の麹町中学校は、宿題なし、中間・期末の定期テストなし、担任の先生なしという独自の教育手法で注目を集めています。この手法は、次のような、工藤勇一校長の学校教育に対する考え方に基づいて行われています。

・子どもたちが、社会でよりよく生きていけるようにする

・自ら考え、動く、自律心を養わせる

工藤校長は、著書『学校の「当たり前」をやめた。』のなかで、

〈現状の学校教育は真逆のことをしている。〉

と述べています。

あれこれ規定・ルールをつくり、子どもたちに考えさせない、決めさせない、失敗させない。それが過保護な環境をつくり、自律の芽を摘んでいるのではないかと。

過保護な環境を生み出すのは、日本人全体のメンタリティともいえるかもしれません。私の知人が、ドイツ人の友人と海辺で談笑していたときの話を紹介しましょう。

突然、ドイツ人の友人が、「だから日本人は人を育てるのが下手なんだ」と言ったそうです。どういうことでしょうか。

「あそこに親子がいるでしょう。さっきまでは、子どもが一人で波打ち際で砂でお城のような建物をつくっていたんだよ。それに気づいた親が、海の近くでつくっていたら波が来て崩れてしまうと思ったんだろうね。波が届かない所まで子どもを連れて来て『ここでやりなさい』と言ったんだ。しかも見てごらん。親は城のつくり方がダメだと思ったんだろうね。自分で城をつくり始めたよ。子どもは、面白くなさそうに親の姿を見ているね」

そして、こう言ったそうです。

「日本人は過保護で、子どもが失敗することから得る学びを奪っているね」

工藤校長は、こうした大人たちの過保護な働きかけが子どもたちの自律を阻む。そして、大人になってから壁にぶつかったり困難に陥ったりしたときに、**「上司が悪い」「会社がおかしい」「国がおかしい」と他責にして、自らの力で打破しようとしない人間を生んでいる**。

そのように述べています。

この「自律を育む」「社会でよりよく生きていけるようにする」という本質的な目的のもと、冒頭に記載した型破りな施策が行われています。

通常、学校では、一律に誰もが同じ宿題を〝やらされ〟ます。勉強ができる子にとっては簡単すぎて無駄な時間です。

勉強ができない子は、解ける問題だけ解答を書いて、解けない問題は方法がわからないので放置して、未記入のまま翌日提出します。多くの場合、未記入で提出してもお咎めや指導があるわけではありません。何のために宿題があるのか？　これでは意味が見出しにくい状況です。

また、中間・期末テストでは、テストの数日前に睡眠時間を削って出そうなところを頭に叩き込むというスタイルで、多くの子どもたちがテストを乗り切ります。これでは、テストが終わればすぐに忘れて頭に残りません。俳優が、映画やドラマの撮影を終えるとセリフをほとんど忘れてしまうのと同じです。

そこで工藤校長は、反発を受けながらも、宿題を全廃し、子どもたちが自分で考えて、自分に合った形で学習するようにしました。中間・期末テストも廃止し、学びを定着化させる新たな取り組みを行っています。「本質は何か？」を深く考えた学校運営がなされているのです。

成功体験のダークサイドが生じる原因の一つにも同じことがいえます。それは、**成功の本質を分析できていない**ことです。

▼変えるべきこと・変えてはならないこと

第1章の話に戻ります。ソニーがウォークマンで成功した本質は何でしょうか。

それは、音楽は静止して聴くものという既成概念を破り、音楽の聴き方に革新を生んだことです。歩きながら移動しながら音楽を聴くことができるウォークマンは、ユーザーの音楽体験を変えました。

技術的なことは手段であり、成功の本質は「歩きながら聴ける」という革新的な音楽体験にあります。その本質を、新たな形でアップルが行い、今日の音楽市場における地位を築きました。

日露戦争での日本海軍の勝利にも同じことが言えます。昭和の海軍が日露戦争の成功体験から盲信した「大鑑巨砲主義」、そして「海戦要務令」という海戦指南書は表面的なことです。日露戦争勝利の本質は、徹底した能力主義にあったのです。

西郷隆盛の弟、西郷従道は、海軍大臣を務めたときに一人の人物を起用して海軍の改革を行いました。「明治海軍の父」といわれる山本権兵衛です。

山本権兵衛は、日清戦争（日露戦争の一〇年前）が起こる前は大佐の身分でした。そのとき、海軍主事という職務に就き、上官にあたる将軍たちも含めて一〇〇名近くの幹部をリストラして、能力ある若手の人材を登用します。同郷の薩摩藩出身の先輩たちからの批難にも屈せず断行しました。

日露開戦前にも思い切った人事を行います。指揮命令系統の徹底と、能力面を踏まえて開戦前に連合艦隊の司令長官を交代させました。司令長官は、山本権兵衛の幼友だちで親友といっていい日高壮之丞。ともに戊辰戦争を戦い、戦後は一緒に東京で相撲取りになろうと言い合った間柄です。一対一で山本権兵衛が交代を伝えた際、日高壮之丞は開戦前に更迭されるという屈辱から、短刀を出して、「権兵衛。何も言わん。これで俺を刺し殺してくれ」と言ったそうです。

山本は一切の私情にとらわれることなく、勝利のために能力主義を貫き通しました。こうした能力主義で抜擢された人たちがもてる能力を発揮して、新しいものを開発・導入していきます。

その一つが、秋山真之が採用した、それまでの常識を完全に覆す戦術・艦隊運用である「丁字戦法」。

また、日本海海戦において、砲弾の命中精度はロシア軍と比較して圧倒しました。その理由は、新思想に基づく、独自開発した射撃指揮法にありました。

さらに、下瀬雅允が独自開発した下瀬火薬と、伊集院五郎が開発した伊集院信管を搭載した砲弾が強力な威力を発揮しました。

日露戦争の勝利の本質は、徹底した能力主義にあり、その抜擢された人材が各自の持ち場で革新を生み出し、職務を遂行した結果でした。

翻って昭和の海軍は、能力主義、進取の精神、私情を挟まないという点で問題がありました。固定観念にとらわれて、レーダーなどの新しい技術を採用せず、それが要因となり敗北を重ねます。作戦に失敗した指揮官を、本人たちの懇願を入れて指揮を続けさせました。

勝利したアメリカ海軍は逆でした。技術・戦術も柔軟に新しいものを取り入れます。失敗したり、不適格と思われる人物はすぐさま更迭して、信賞必罰を明確にしています。企業もビジネスパーソン個人も、成功に導いた本質は何なのかをみきわめなければなりません。

そのために、認知バイアスや感情を排除して冷徹に現状を分析し、**「変えるべきこと」は変える、「変えてはならないこと」は継続実施する**。

表面的な事象にとらわれずに、本質を見る目を養い、本質を磨いていくことが求められます。

「忖度」と「保身」が停滞を招く

～「人間の行動原理」からの要因分析～

▼忖度がリーダーをダメにする

ある顧客企業で、オーナー一族ではない人が七人飛ばしで社長に抜擢されました。その新社長と二人で対話をしていた際に、こんな話をしてくれました。

「私、社長に就任する前、部門間の軋轢からずいぶんと生産本部長に責められていたでしょう。こちらに非があれば、会議中に鬼の首を取ったかのように言っていたのを知っていますよね。でもね、社長になると、まさに手の平を返すとはこのことを言うのか！　というぐらい対応が変わったんです。私がしゃべりだすと『お説ごもっとも』

という感じでニコニコ聞いてくれるんです。私が依頼したこともものすごいスピードでやってくれます」

苦笑しながら、こんな話をしました。

組織において、上位職になるほど、部下をはじめ周囲の人々の対応が変わります。「そんなことまで求めていないのに……」という忖度や過度な遠慮も生じてきます。ましてや会社、部門、チームを成功に導いたリーダーに対しては、その態度がより強く出てきます。

そして、**いつしか真水の情報が入ってこなくなります**。都合の悪い事実が欠けた情報、事実が歪められた情報が入り、その情報をもとに意思決定を行うことで成果があがらない。ときにトラブルを生じさせる事態が起きることもあります。

そんな実例を紹介します。

▼社長が「言えない状況」をつくってしまう

社員数三〇〇名、創業一〇〇年になるメーカーがあります。

五年前に、営業畑を中心に経験を積んだオーナー家の後継者が社長に就任しました。新社長はバイタリティのある人で、若いときから国内外問わず、新規顧客を開拓してきました。その甲斐あって、古くから付き合いのある大口顧客の売上が減るなかでも、業績は拡大していました。

また、社長就任と同時に、三カ年の中期経営計画を策定し、さまざまな新方針・施策を打ち出し、実行に移しました。既存顧客への新製品販売、隣接市場への展開、年功性の強かった賃金体系を見直した新・人事評価制度の導入、部門横断型のジョブ・ローテーション、生産方式の抜本的改革など大きな改革を矢継ぎ早に進めました。

しかし、一年ほど前から問題が出てきました。

会社の肝である開発部門がおかしくなり始めました。納期どおりに開発がなされず二〜三カ月の遅れはザラ。ひどいものは、顧客に告知していたにもかかわらず半年以上も上市されず、いまだに見込みが立っていないものもあります。

最近、上市されたもののなかには不具合が目立つものもあり、その対応に開発部員が時間を割かれるという悪循環も起こしています。

開発部員たちの残業・休日出勤もかなり多く、明らかに疲弊している状況です。

人員についてては、キャリアのある人材の新規採用、他部門からの異動も行うなど補充はしています。半年前から、開発部門の管掌役員・部門長だけでなく、他部門の役員も交えて打開策を練る会議も行っています。

しかし、それでも混乱が収束する気配が見えません。

そして、いよいよ業績数値に現状の混乱が現れ、大きな落ち込みが出てきました。新社長が就任してからは起きえなかったレベルの悪化です。開発部の役職者のなかにメンタル不全を起こす人も出てきました。若手が数名続けて辞めていきます。このままでは雪崩を打って社員が辞めていくこともあり得ます。

ここで社長は、原因を突き止める行動を起こしました。

社長はこれまで営業畑一筋であったために開発に疎く、さらに、開発部門の役員は、自分が学生の頃から先代の子飼いでやってきた人なので遠慮もありました。しかし、このままでは混乱がひどくなるばかりです。

これまでは開発部門の役員、部長、課長二名からだけ話を聞いていましたが、現状を把握するために、新入社員から嘱託で働いている人まで全員にインタビューすることにしました。

すると、インタビューに臨む社長の真摯な姿勢をみて、若手中心に思いの丈《たけ》が述べられていきます。

「隣接市場Aへの進出は必要なのかもしれませんが、私たちの技術では難しい。同じ隣接なら、自社技術の優位性からみて市場Bに行くべきではないでしょうか。現状のままでは難易度が高いチャレンジの割に、得るものが少ないのではないかと思います」

「開発案件が多すぎます。結果的に、しっかりつくり込めなくて不具合が出ています。そして、その対応に追われて開発が滞る。この悪循環に完全にはまっています」

「人事制度が個人成果をかなり問う形になったために、部門内の協力がなされなくなりました。とくに若手は、多忙な状況も重なって面倒を見てもらえずにいます」

予測できた意見もありましたが、まったく思いもしなかった事実・意見も多く出てきました。とくに多くの社員に、次のように言われたのがショックでした。

「役員、部長、課長には、こうしたことはすでに一年前から話をしています。しかし、社長の方針だから時期をみて言うことにすると言われて、まともに取り合ってくれない状況が続きました」

「そのうち、部内が〝何を言っても無駄だ〟という空気に包まれるようになりました」

「閉塞感、諦めムードが漂い、問題を表立って口にする者がいなくなっていきました」

▼組織をダメにする「学習性無力感」

行動心理学に「カマスの実験」というものがあります。

カマスと、その餌の小魚を、真ん中に透明の間仕切り板をはめた水槽に入れます。間仕切りの左右にカマスと小魚を分けて入れます。

カマスは小魚を食べようとしますが、透明の間仕切りにぶつかって食べられません。何度もチャレンジするものの食べられない状態が続くと、ついには食べるのを諦めます。

そして、しばらくしてカマスと小魚を分けていた間仕切りを取ります。しかし、カマスは目の前を通り過ぎる小魚を食べようとしません。

これは、**学習性無力感**といわれる現象を検証した実験です。

学習性無力感とは、努力しても成果が出ない、回避しようと抵抗してもできないというような状態が続くと無力感が生じて、努力や回避をしない状況に陥ることを指します。

まさに、先の会社の開発部門の社員には学習性無力感の症状が現れています。

おわかりの通り、この症状は、開発部門の役員を中心とした上位者たちの**社長への忖度**が原因です。社長肝煎りで立てた中期経営計画の方針は消化できないが、社長の意に反することは言えない。とにかく自分たちで何とかするしかないという心理状態に陥り、部下の意見を封殺する。

本来であれば、上位者たちが「理想論であって、現状の我が社の力量では時期尚早」「段階を踏んで実施するべきではないか」という意見、提言を行うべきであったにもかかわらず、遠慮と保身からできなかったがゆえの結果でした。

成功したリーダー、影響力のあるリーダーの下で生じる現象です。

第3章

ダークサイドを乗り越える〝鍵〟

「観察」が常識を打ち破る

▼鍵は「現場」にある

本章では、ダークサイドに陥った企業が、第2章で述べた原因を乗り越えて復活するためには何が必要か、ダークサイドに陥らないために心掛けるべきことは何かを、四つの企業事例を通じて確認していただきます。

まずその前に、ビジネスとは異なる分野で活躍している人のお話をしましょう。

幼児教育の世界に横峯吉文さんという著名な方がいます（プロゴルファーの横峯さ

くらさんの叔父にあたります）。

鹿児島県で保育園を経営していて、「ヨコミネ式」といわれるメソッドで圧倒的な教育成果を出しており、最近では、フィギュアスケーターの紀平梨花さんが「ヨコミネ式」教育を受けていたことで話題になりました。

この「ヨコミネ式」で育った園児は、

・卒園までに平均二〇〇〇冊の本を読破
・全員が一〇段の跳び箱を飛ぶ
・逆立ち歩きができる
・四歳までに絶対音感を身につける

など、信じられないことができるようになります。

こうした成果を生み出す秘訣は、もちろんさまざまあるわけですが、「ヨコミネ式九五音」と呼ばれる文字学習法に端的に現れています。

通常、文字を学ぶ場合は、ひらがなの「あいうえお……」と五十音順に勉強します。

ただ、幼児の立場で考えれば、「あ」という文字を書くのは大変です。最初の「あ」が上手く書けず、文字を覚えることに消極的になる子を横峯さんは多く見てきたそうです。

そこで発想の転換をします。何も難しい「あ」から学ばせなくてもいいんじゃないか。簡単な文字から学ばせたほうが、マスターも早く、やる気も上がるのではないか。

こうした発想で生まれた「ヨコミネ式」では、ひらがな・カタカナ・優しい漢字の九五文字を学びます。

簡単な順に、最初は「一」「Ⅰ（タテ棒）」「十」「二」「エ」と学んでいき、後半五文字は「ふ」「え」「ん」「あ」「む」と勉強します。「あ」は最後から二番目です。

この「ヨコミネ式」で学んだ園児は、例外なく全員が三歳の夏までに、ひらがな・カタカナが読み書きできるようになるそうです。

この「ヨコミネ式九五音」は、横峯さんが子どもたちの様子をじっくりと観察していたことから生まれました。企業が成功体験のダークサイドに陥り、苦境から脱出する鍵の一つもここにあると思います。

キーワードは**「現場」**です。

現場のお客様の発言、行動、しぐさ、目線が、答えを教えてくれることが多々あります。

現場の社員はお客様と直接的な接点を有しています。彼らが、生の情報、真水の情報をもっています。そして、彼らの考え方や行動が変わることでお客様の反応が変わります。

ここからは、現場の変化を梃にして成功体験のダークサイドを脱した組織の事例を見ていきましょう。

「社内常識」という制約を外す

▼「現場に行く」ではなく「現場になる」

近年、業績が急回復して成長軌道に戻ったメガネスーパー。二〇一九年四月期では、売上前期比で二一・六%増。経常利益前期比四五・一%増と高い成長を果たしています(二〇一七年一一月に持ち株会社を設立。正式社名はビジョナリーホールディングス)。創業は一九七三年で、個人商店が主流だった時代に多店舗チェーンストア展開を行い、メガネトップ、メガネの三城とともにメガネ小売の御三家と称されていました。しかし、二一世紀を目前に競争環境が変わります。ユニクロ方式がメガネ業界も席巻していきました。ＪＩＮＳやＺｏｆｆに代表されるＳＰＡ（製造小売）モデルの登場です。一万円を切るスリープライスを打ち出し、デフレ時代に急成長を果たしていきます。

メガネスーパーも、価格で対抗しようとしますが、ＳＰＡモデルとはコスト構造がまったく違います。価格を下げることは自分の首を絞めるだけでした。結果、二〇〇八年から八年連続赤字、八年間ボーナス凍結という事態に至ります。

二〇一一年に債務超過となり、経営権が創業家から投資ファンドに移ります。ここで、現在の社長である星﨑尚彦さんが登場します。

星﨑社長は、著書『０秒経営』で

〈復活の本質は、ビジネスモデルの転換ではない。本質は「社員の意識改革」にある。〉

と述べています。

危機的状況にもかかわらず、就任当初の会議では、経営陣がさまざまな提案を行っても営業幹部が「現場が回らない」「現場がこう言っている」と言って、何も変わらない状況があったそうです。

これは〝**みんなが言っている**〟**症候群**です。「それ、本当に全員が言っているの？」と突っ込んで聞いてみると、一人二人が言っていただけでした。

営業幹部が自分の思惑を通すために、小さな事実を大きな事実にすり替える操作をしていたのですが、経営陣は〝本当の現場〟を知らないために、このすり替えに対抗できなかったのです。

星﨑社長はこの状況を打破するために現場に出向きます。そして、言われていたこととは違う社員の実態に生で触れていきます。

▼思考停止状態を解除する

ある店舗で、お客様が「メガネが壊れたので困っています。すぐに直してもらえませんか」と来店したとき、店員は「申し訳ありません。もう少しで営業時間終了なので、ほかの店に行ってください」と追い返したそうです。当時、コスト削減の一環として残業を抑制していましたが、これはサービス提供者として頭と心が停止しています。

また、他の店舗で星﨑社長が店員に質問をしても答えが返ってこない。ちょっと提案をすると、店員たちは「えっ、そんなことしていいんですか？」と言うばかり。

提案といっても、「顧客宛にDMを送付してみてはどうか？」「ティッシュに割引券を入れて配布すれば？」など些細なことです。社員は、言われたことは行うが、言われたこと以外はしないという、人間の機械化状態に陥っていました。

この状態を生んでいたのは、創業家の影響でした。

第1章の最後に、過去のリーダーである「ゴーストの影響」を受けて思考停止を起こしていた組織を紹介しました（61ページ）が、メガネスーパーもまさにその状況でした。

メガネスーパーには、**「強力な上意下達」「意に沿わない言動への懲罰」「現場への合理性のない理不尽な要求」という、社員を思考停止に追いやる〝御三家〟**が勢揃いでした。

あるときは、メガネとは関連のない、オーナー一族肝煎りの高額ネックレスと健康食品販売のノルマが各店に課せられ、「売れるまで店を閉めるな」という指示が出たそうです。愚直に夜中の三時まで営業していた店もあったといいます。

先に述べた顧客へのＤＭも、ティッシュ配布も、オーナー一族からコストダウン指示があったためにお金をかける発想が出てこなかったのです。

星崎社長は、この思考停止状態を解除していきます。

▼自律的な人材・集団をつくる

当時の接客は待ちの姿勢で、外で呼び込みをしないどころか、来店したお客様にも声をかけない状態でした。

社員いわく「お客様にゆっくりと商品を見てもらうための配慮」であったそうです。しかし、これは小売店舗のスタッフとしては考えものです。

そこで星﨑社長が率先垂範し、自ら店頭で呼び込みをします。すると入店するお客様が増えていきます。店内で声をかけてアプローチをすれば売れていきます。

あるとき、経営陣が絶賛していたお洒落なデザインの店舗で、現場の社員から「デザインの飾りが邪魔でお客様が店内を外から覗けない。われわれも外の様子がわからない」という声が上がりました。星﨑社長はすぐに行動に出ます。現場の社員の「本部がやったことを変えると大変なことになります」という声のなか、自らの手で飾りを壊して取り外しました。

組織や部下のパフォーマンスが上がらない原因の一つとして、何らかの**制約に縛られて発想や行動に問題を生じさせている**ことが挙げられます。

メガネスーパーの場合では「本部の言うことは絶対で、現場が意見を言うことは許されない」「コスト削減の方針が出れば、収益を上げるための最低限の投資も行ってはいけない」ことが当たります。

リーダーには、部下の思考停止状態を解除するために、部下たちが縛られている社内常識という制約を探り、外していくことが求められます。

そして、星崎社長は、自ら現場に出向き、皆が「納得してやりたい！」と思える状況をつくり、「いいからやれ！」という非合理な上意下達マネジメントを排除していきました。

裁量権も店舗に大きく委ねました。店舗の判断で商品をどのように売っても、いくらで売ってもよい状態にしたのです。会社情報も、社員の給与は別にしてほぼ一〇〇％近く公開しています。誰かしかわからない、特定の誰かが情報を握っているという状態を変えていき、考える材料を提供しています。

現在、メガネスーパーでは、**自ら考え、動く、自律的な人材・集団**をつくるモデルとなる運営がなされています。

小さな疑問・違和感を大切にする

▼赤字体質から抜け出す

岐阜県高山市に本社がある飛騨産業。テレビ東京系列の経済番組「カンブリア宮殿」で、司会の村上龍さんが「立ち上がりたくない椅子」と称賛したクオリティの高い家具を製造しています。

この創立一〇〇周年を迎える会社が、時間をかけて培ってきた高い技術と、常識を打ち破る新発想で注目されています。

飛騨産業は、かつて女性向けの生活雑誌「暮しの手帖」で特集が組まれるほどの高い品質を誇る会社です。「暮しの手帖」創刊者の大橋鎭子さんが、二〇一六年のNHK連続テレビ小説「とと姉ちゃん」のモデル（高畑充希さんが主演）となったのをご存じの方もいるでしょう。

「暮しの手帖」は、実名を挙げてシビアに日本製品等を紹介する〝商品テスト〟コーナーなど、独自のスタイルで支持を得てきた雑誌です。「商品を批判はしても褒めることはない」といわれるほどで、企業広告を掲載しないことでも特異な雑誌です。

その「暮しの手帖」で名編集長といわれた花森安治さんが、飛騨産業に対しては最大限の評価をしました。特集の記事を組むだけでなく、百貨店での販売、商品の共同開発から直販までの支援を行い、その成果もあり飛騨産業の業容は順調に拡大しました。

しかし、バブル崩壊からの景気低迷期に家具業界は価格競争に入っていきます。ニトリに代表される、海外生産・画一的デザインによる低コスト製品が市場を席巻し、飛騨産業も、この波にのまれて二一世紀を迎える頃には深刻な赤字体質に陥っていました。

その時期に、現社長の岡田贊三さんが就任します。

岡田社長は、家業の荒物屋をホームセンターに事業転換し、一一店舗にまで拡大したあと、経営権を譲って引退していました。しかし、祖父が飛騨産業の創業者の一人であったことから、飛騨産業の再建を依頼されます。

困難な仕事になることは想像されましたが、「郷土の産業を守らなければならない」という想いから就任を承諾します。そして、「就任から三年間は鬼になる」と覚悟を決めて改革に臨みました。

▼「一%」に着目する

就任して間もない頃のことです。現場を視察していると一角に廃棄木材が山積みになっています。気になって近くの社員に聞くと、「それは節材です。木材の中に節があって、使えないものです」と答えました。

節とは、幹の成長により、枝がその中に包み込まれて生じる部分で、茶色の斑点模様のものです。社員にさらに説明を求めると、「節のない美しい家具が高級家具であり、飛騨産業の家具でもある。節のあるような商品は値段が極端に落ちる」と言います。

岡田社長はそこに疑問を投げかけます。

「本当にすべてのお客様がそういう評価をするのだろうか？　スーパーで並んでいる真っ直ぐばかりのキュウリに疑問を感じる人が出てきている時代だ。九九％が節なしを望んでも、自然のままの節ありのデザインのほうがいいという人も一％いるんじゃないか？」

そして、社内に反発があるなか、プロジェクトをつくって動いていきます。

完成したのが、節を活用した洗練されたデザインの「森のことば」シリーズでした。見本市に出展すると、通常はどんなに売れる商品でも一〇〇店舗から発注があれば多いものが、「森のことば」には二〇〇店舗から発注がきます。

家具業界新聞の編集者が、「この業界で、二塁打、三塁打は見てきたが、場外ホームランは初めて見た。すごい商品になる」と評したそうです。実際に「森のことば」シリーズは会社の苦境を救う売行きとなりました。

組織に〝ゆらぎ〟を与え続ける

▼「業界の常識」を疑う

岡田社長は素朴な疑問をもう一つもちました。

「飛騨にはこれだけの山林があるのに、なぜ、わざわざ海外から木材を輸入するのか？あちこちにあるスギを使えないのか？」というものです。

当時は、家具にはタモやブナなどの広葉樹を使うのが常識で、柔らかくて傷がつきやすく、へこみやすいスギなどの針葉樹は使いませんでした。ただ、国内の広葉樹は枯渇しており輸入に頼らざるを得ません。針葉樹を使う可能性を現場の社員に聞くと、やはり答えは同じ。柔らかすぎて無理との回答でした。

しかし、岡田社長は諦められません。スギやヒノキの針葉樹なら周りにいくらでもあって、輸入材と比べて安価に手に入ります。社員たちに「針葉樹を使ってみたらどうか」と話すと、皆一様に驚きの表情をしたそうですが、岡田社長は針葉樹を使うことにチャレンジします。

まずは、表面を硬くするコーティングから始まり、他社との共同開発も行いました。しかし、やはり商品化は難しくいき詰まります。

そこで旧知の大学教授に相談すると、「御社の曲木を行う圧縮技術が使えるのではないか?」とアドバイスされ、その可能性に賭けて共同開発を進めました。

しかし、さまざま試行錯誤を繰り返しても、どうしても圧縮した木材の元に戻る力をコントロールできません。しばらくすると、表面が波打ち、凸凹ができる状態になります。それでも社員を鼓舞しながらチャレンジを続けます。

そして、社員たちが驚きの顔をしたときから七年後、ついに三重県の中学校にスギ材のフローリングが導入されます。

圧縮技術を用いた木材は水に弱いという定評がありました。導入後、その中学校で水道管が破裂して水浸しになりましたが、スギ材のフローリングが波打つことはありませんでした。

その後、学校や保育園を中心に旅館や喫茶店でも使われるようになりました。

▼改革は「よそ者」「若者」「バカ者」が行う

岡田社長が就任した当時は、飛騨産業は見込生産の大量生産型モデルで運営されていました。これは大きなリスクをかかえたビジネスモデルです。

売れなければお金が眠ることになります。もっといえば、時間が経つほど価値が下がり、お金が目減りしていきます。自己資金だけならばよいのですが、借金をしていると金利負担が生じます。そのため、何とか早く売ろうとして低価格の販売に至ります。また、在庫が残るということは、ムダな作業に人件費などのコストをかけることになります。こうした状態では利益は出ません。

ここでまた岡田社長は、社員から見れば非常識な決断をします。トヨタ生産方式を導入して、ＩＴ化の促進と併せて完全受注生産方式に切り替えたのです。

成果が出るまでに二～三年かかりましたが、工場の生産性は飛躍的に向上しました。こうした取組みを経て、飛騨産業は、岡田社長就任時から二倍の売上をあげる会社に変貌しました。

その要因は、岡田社長の経営改革に対する覚悟、決めた方針に対する不動心、本人は無給で働きながら厳しい状況でも人材リストラをしなかったことによる組織からの信頼感、そしてもう一つありました。

改革は「よそ者」「若者」「バカ者」が行うといいます。アメリカで学んだ経営手法で、ホームセンター事業をチェーン展開していた「よそ者」の岡田社長が、**業界や社員とは違う視点から、事業と会社を見て動いた**ことがV字回復の主因と思われます。

岡田社長も「飛騨産業の常識は、世間の非常識」と言っています。

社員も組織も経験を積むのはよいことです。しかし、世の中は光と影の法則で成り立っています。社員が経験を積み、会社が歴史を刻んでいくと、固定観念が無意識レベルで強くなり、物事を一面的にしか見られなくなり、発想が固まっていきます。

そして、第2章で確認した、現状を変えることで生じるリスクを回避しようとする

「現状維持バイアス」（70ページ）、今行っていることを直線的に追求していく「練磨の文化」の影響（78ページ）などが重なり、環境変化に応じた革新が進まず、努力はすれども窮地に陥るという事態が生じてしまいます。

変化の激しい時代を迎えるなか、「他部門からの抜擢」「若手人材の登用」「異業種からの人材採用」など、新鮮な目で見て考え動ける人材を計画的に登用して、**組織によい〝ゆらぎ〟を与え続ける**ことが求められます。

「情愛」によって人を動かす
～ある企業後継者の例～

▼誰も発言しない幹部会議

私が若いときに、組織改革をリードするうえでもっとも大切なことを教えてもらった事例があります。ある企業の後継者（現社長）の話です。

東京で大手企業に六年間勤めたのち二九歳で、父親が経営している、ある素材の販売会社に入社します。

父親からは、経営状態について悪い話はとくに聞かされていなかったそうですが、資産評価をしてみると債務超過。直近の利益も在庫評価の仕方によってはなくなるようなレベルでした。仕事の進め方も旧態依然としていて、コンピュータも入っておらず、手書き伝票で事務作業を行っていました。社員の仕事に対する姿勢も以前勤めていた会社とはまったく違います。

私はその幹部会議に参加しました。経営計画の策定を行うための一回目の会議です。冒頭、私から主旨説明や会議の進め方について話をしました。そして、ここから後にも先にも経験したことがない状況を目の当たりにしました。

簡単な質問を会議参加者の最上位者にしたところ、「……」。無言です。しばらく待っても回答がありません。「では、他の方から伺いましょうか？」と言って他の参加者に質問を振るのですが、また「……」。無言です。

この時点で、私の顔から笑みが消えました。

何が起きているのか？　何かまずいことをしたか？　頭の中で自問自答を繰り返しました。そして、また違う人に聞きますが、やはり「……」。無言です。

当時、専務になっていた後継者も参加していましたが、実質的な主催者なので、この状況で質問を振るのはどうかと思い控えていました。

目線を誰一人合わせず、沈黙が続きます。そのうち、さすがにこれはないだろうと思い、腹が立ってきました。しゃべってくれるまで黙って待つことにしました。その時間が三〇分くらいに感じられましたが、実際には五分ほどでしょう。さすがに耐え切れなくなったのか、皆さんポツポツと話し始めました。

こうした事態は、さまざまな改革を進めていく専務への無言の反発、上位者への遠慮、そして、本当にどう答えればよいかわからないことから生じていたのでした。

就業中、あるベテラン社員が外出先から戻ってくると、自分のデスクで一一時頃から昼食を食べ始めました。見かねた専務が、「皆が働いているところで食べないでもらえますか？」と言うと、その社員からは「あんまり頑張らないでくれよ」という言葉が返ってきたそうです。専務は「いいえ頑張ります」と答えたそうですが。

社員の協働関係もボロボロでした。

ある営業マンが飛び込み営業を行って、苦労して新規顧客を獲得していきます。ところが、その営業マンを気に入らない上位者が不適切な対応をしてお客様を怒らせ、成果を潰します。そんないじめのような状態もありました。

▼まず自分が動く

会社はさまざまな問題が山積している状態でしたが、とにかく債務超過です。売上をまず上げていかなければなりません。

そこで、専務が最初に注力したのが新規開拓でした。前職では営業の経験はありませんでしたが、とにかくやるしかありません。

トラックを運転して、お客様への配送をしながら口座のない工場を見つけては飛込み営業を行います。始めた頃は、気の利いたトークもできず、工場の入り口付近で社名と氏名を名乗って挨拶し、九〇度のお辞儀をして立ち去ることを繰り返しましたが、日参するうちに、姿勢を評価した工場の職人さんが声をかけてくれ、商談につながるようになっていきました。

次に商品力を高めることを考えました。

扱っている素材そのものは、競合他社も仕入先が大体決まっており、差別化を図ることはできません。価格での差別化は自分の首を絞めるだけです。そこで手を打ったのが納品スピードでした。

お客様は、受注先から急な発注を受けることがあります。ここで対応できれば心証がよくなり、その先の受注によい影響があります。お客様には、その対応を行う設備があり、人員もいます。しかし多くの場合、材料の在庫がありません。

また、お客様の工場内のミスやトラブルで材料が急に必要になることも出てきます。大きな材料を保管するスペースがないため、生産状況に合わせて、販売会社が適切なタイミングで必要量をスピーディーに納品してくれることを望んでいました。

そこで専務は、まず外部のソフト開発会社を使って、先進的な在庫管理システムを構築していきました。

対応力が優れている新規の仕入先を起用して、自社への納入時間を早めてもらいます。そのために専務は、朝六時に会社を開けて受け入れました。

商品は、ただ右から左に流れていくわけではありません。切断・研磨などの加工が必要です。少しでも納品スピードを早めるために、納品・営業を終えた専務は一九時頃から加工を行いました。

まさに朝から晩まで、昼食もまともにとらず働きました。

思いと熱量は周りに伝播する

▼無言の努力が人を動かす

豊臣秀吉の逸話として語られるものに「秀吉の大八車」という話があります。

こんな話です。秀吉が幼少期の頃に、大八車に野菜を積んで一人で隣村まで運ぶことになりました。途中、車輪が窪地の穴に入り込んでしまい、動かすことができなくなります。秀吉は、周囲の歩く人々に声をかけて助けを求めましたが、いくら頼んでも誰一人助けてくれません。

ここで秀吉は他力をあてにすることをやめます。自力で窪地から車輪を出すために、大八車を引っ張り上げようと何度も試みます。すると、一人、また一人と大八車の後ろから押してくれました。

それまで誰一人助けてくれなかったのに何人もの人が押してくれるのです。そして、ついに窪地から大八車を出すことができました。

おわかりの通り、自分が動かず、努力しないで、口だけで人に助けを求めても助けてくれる人はいない。**自分がまず動いて、努力する姿勢を示すことで、周りの人たちが手を差し伸べてくれる**ことを伝える話です。

この通りのことが起きました。専務の姿勢を見て、一人の若手社員が、何も言わずに朝早くに出社して、納入・出荷の手伝いをしてくれるようになったのです。こうして、より早い時間に配送できる状況ができていきます。

ベテランの営業パーソンも頑張ってくれました。新規開拓は飛び込み営業です。年配者が飛び込みをするのは体力的にも精神的にも厳しいものがありますが、住宅地図と電話帳を持って営業をしてくれました。専務との競争になり、相乗効果でどんどんお客様が増えていきました。

パートから社員になった人も、家庭があるにもかかわらず遅くまで仕事をしてくれ、外部のシステム開発者も親身になって対応してくれました。

▼「情愛」によって社員の信頼を得る

こんなこともありました。

専務と同年代の係長は、顧客志向が強く、徹夜もいとわず仕事をし、人柄もいい人でした。ただ、なぜか月曜日を休んでしまうと、連絡しないまましばらく休み続けます。これを周期的に繰り返すのでした。

私もご一緒したことがあるのですが、休んでから四～五日すると専務が係長の自宅を訪ねます。これまでもあることだったので部屋の合鍵を持っていました。

玄関ドアを開けると、灯り一つついておらず真っ暗です。そのなかを専務が進んでいきます。後ろからついていくと奥の部屋に人影があります。あぐらをかいて壁を見つめている係長でした。

声をかけても反応がありません。何度も声をかけていると、ようやく「はい」「すいません」と反応します。そして三〇分ほど経ち、会話ができるようになると、専務が「じゃあ行こうか」と切り出します。

　どこへ行くのかと思っていると、マンションのすぐ近くにあるファミリーレストランに向かいました。席に着くと生ビールを頼みます。皆で一杯ずつ空けると、不思議なもので係長が普通にしゃべりだしました。そして本人の謝罪の弁を聞きながら、「みんな心配している。待っているから明日からおいでよ」と言って食事のあと家まで送ります。

　すると係長は、翌日から出社してきて普通に働いていました。

　けれども、やはり周期的に出てこなくなります。ある日、また専務が係長宅に出向こうとしたとき、ある若手社員が「私が行きます」と言って合鍵を持って様子を見に行ってくれました。

　しかし、何度も繰り返していることなので、係長も賢くなってきます。ドアにチェーンをかけて合鍵だけでは入れなくしていました。それに怒りを覚えた若手社員はいったん会社に戻りました。切断加工する会社ですから、硬いものを切る道具はあります。道具を持って引き返し、ドアチェーンを切って部屋に入り込んでいったのです。そんなこともありました。

その係長には、専務の奥様の協力もあり、自宅で夕食を食べさせたりもしていました。精神科の病院にも一緒に行きました。係長の母親とも何度も面談をしました。しかし、突然会社に来なくなることは変わらず、辞めていくことになります。

係長は退職することになりましたが、親族でもできないようなことをしたうえのことであり、致し方ない結果です。

リーダーには、戦略眼や実行力などの力量が必要です。そして、人を束ねてリードしていくには、**仲間に対する情愛**が不可欠です。この係長への対応だけでなく、専務は、その情愛を感じさせる行動で、社員たちから信頼を勝ち得ていきました。

その結果、入社時において債務超過だった会社が、一〇年後には無借金の状態になります。五番目だった市場シェアもトップになります。社員の報酬水準も同規模同業種を比較すると圧倒的に高い水準になりました。

私は今日まで、さまざまなリーダーや組織を見てきました。また、自分なりにリーダーシップや組織運営について学んできましたが、人の気持ちを変えて動かす核となるものは、この専務の姿にあると思っています。

ステークホルダーとの「対話」

▼生まれ変わった丸井

「〇一〇一」のロゴでお馴染みの丸井。日本の小売業態をこれからリードしていく存在です。創業時は、家具の月賦販売という手法で業容を拡大し、日本で最初にクレジットカードを発行した会社として知られますが、近年、小売＋金融（フィンテック）のビジネスモデルを加速的に進化させています。

小売においては、仕入・販売で収益を得る〝百貨店型〟ビジネスモデルから、テナントと定期借家契約を結び、家賃収入を安定的に得る〝ショッピングセンター型〟に移行しました。売場における定期借家契約面積の比率は、二〇一四年三月期の一四％が、二〇一九年三月期時点で七六％まで拡大しています。

これは、賃借形態で飲食・サービスなどの〝コト〟を提供しやすくして、消費の〝モノ〟から〝コト〟への移行、シェアリングビジネスの台頭への対応を図るために進められました。この転換が功を奏し、入店客数は過去最高を記録しています。

そして、さらなる進化を遂げています。「売らないお店」です。これは、「デジタル・ネイティブ・ストア」というコンセプトで、生まれたときからデジタル・ツールに慣れ親しんでいるデジタル・ネイティブといわれる若者を対象としたものです。

インターネットを介してダイレクトに消費者に販売するＤ２Ｃ（ダイレクト・トゥー・コンシューマー）モデルを採用している企業や、シェアリング・ブランド、ネットで急成長している企業に対して、ネットでは味わえないユーザー体験、ユーザー同士のコミュニティの場を提供することを目的とした店舗誘致を進めています。

これは、リアル店舗でユーザーに体験やコミュニティを提供することで、ＬＴＶ（ライフタイムバリュー：顧客が生涯を通じて企業にもたらす利益）を向上させたいという思惑、そして、ネットでの新規顧客開拓の単価が向上しているなか、リアル接点での新規顧客も増やしていきたいという希望、これら二つの要望に応えるための取組みです。

丸井は、リアルとネットの懸け橋となる役割を担っていこうとしているのです。

フィンテックにおいては、すでに発行しているクレジットカード（エポスカード）の取扱高が二兆円を超えています。

通信費・水道光熱費などの口座振替だけでなく、家賃のクレジット払いサービスまで提供することで、リカーリング・レベニュー（繰延収益）といわれる定期・継続的収入比率が二〇一九年三月期において、五年前比較で倍増以上の五四％にまで上がっています。この結果、同業態の企業が軒並み苦戦しているなか、一〇期連続の営業増益を果たしています。ただ、この丸井も、かつて急成長を果たしたあと、かなり厳しい状況に陥っていました。

▼「共創経営」に基づく対話

丸井は、一九八〇年代、「赤いカードの丸井」のキャッチフレーズで若者のクレジット・ニーズを喚起して成長を続けましたが、一九九一年に最高益を叩き出したあと、長い低迷期に入りました。

この苦境の要因を、丸井グループ現社長の青井浩社長は、過去の成功体験にとらわれて百貨店型のビジネスモデルを革新できなかったことにあると述べています。

社内には、「ヤングの丸井」といわれた時代の栄光にしがみつき、変化に対する抵抗が根強くあったそうです（この状況を、丸井社内では「過去の成功体験のアイデンティティー化」と呼んでいるそうです）。

家具の月賦販売、クレジットカードの発行など「斬新な販売形態を先駆けて行ってきた」という本質的な成功要因が忘れ去られていました。

そして、根本的なビジネスモデルの革新を行わず、成果主義人事の導入や、組織をこねくり回すことで何とか苦境を乗り切ろうとした結果、会社と社員の信頼関係にまで亀裂が生じていきました。

組織の活力が失われて業績が落ちる。そして、業績が悪化することで上下横の関係性がおかしくなる。悪循環に陥りました。

この苦境を脱したのは、「共創経営」という考え方に基づいた対話でした。**株主・お客様・社員などのステークホルダーと対話し**、互いの幸せや利益を大きくしていくという考え方に基づいた行動でした。

お客様との対話は、売場とは別の場所で座談会の機会をつくることから始めました。そこでお客様の想いを理解し、商品・サービス提供のヒントをつかんでいきました。

このお客様との対話から、爆発的大ヒットとなったPB商品の「ラクチンきれいシューズ」や、年齢・収入に関係なく利用できることで、カード取扱高の六〇％以上を占めるまでになった「エポスゴールドカード」が生まれました。

九州初出店となった博多マルイでは、開業にあたって、一〇人ほどのお客様と机を囲んで一～二時間話し合う「お客様企画会議」を延べ六〇〇回実施。コミュニティーサイトに参加した一万五〇〇〇人のお客様との対話も行い、株主や投資家から「準備に時間をかけ過ぎている」という指摘を受けながら、二年間かけて開店準備をしました。

▼社員との対話で組織風土を変える

一方で、社員との対話を通じて組織風土も変えていきました。

さまざまな職種や職位の社員が小グループで対話する場をつくり、「仕事観」「働きがい」「これからの丸井」などについて語り合う機会を粘り強くつくり続けていったのです。その結果、マネジメントは、それまでのリーダーが先頭に立って引っ張っていくスタイルでは、もはや環境変化に対応できないことを悟ります。年齢にこだわらず若い人たちを抜擢し、主役に立てて、リーダー層は彼らを支援するサーバント・リーダーシップ型のスタイルに変えていきました。

この社員間の対話の機会は、現在でもさまざまな形で続けられています。「中期経営計画推進会議」と称される、今後の経営にとって重要と思われるテーマについて語り合う機会には、一〇〇〇人から一五〇〇人の応募者があり、そこから三〇〇人を選抜して行われているそうです。

人と人との間から付加価値は生まれるといいます。対話を通じて相互に刺激を与え合うことで、一人の思考の枠組みでは出てこない発想が生まれます。人に思いを語り、聞いてもらうことで、心の底にあった願いや自分がなすべきことが見えてきます。相手の思いを知ることで協働意識も生まれます。

丸井の試みは、成功体験のダークサイドから抜け出し、組織変革を図るうえで重要な示唆に富んでいます。

第4章

ダークサイドの向こうにある未来を創る

前提を疑い、真の目的を問い続ける

▼そもそも前提が間違っている

今、私たちは、変化が激しく将来への予測困難な時代を迎えています。本章では、こうした環境下で、成功体験のダークサイドを乗り越えてリーダーシップを発揮していくために、具体的にこれから注力すべきことを確認していただきます。

また併せて、皆さんの組織・チーム・部下を変革期に対応させていくため、重点的に働きかけるべきこともご紹介します。

まずは、次の文章を読んでください。

山田さんは、建設業に従事して二五年、監督者として一五年以上のキャリアを積むベテランです。現在、手掛けているのは一二階建てのマンションで、工期は残り五カ月を切っています。梅雨時期の長雨と相次ぐ台風の影響で予定は大幅に遅れていました。

本来であれば、工期優先で、協力会社から人を寄越してもらい人海戦術で遅れを取り戻すのですが、昨今の人手不足で手当てがつきません。現場で働いている職人たちに、残業・休日出勤をしてもらって作業を進めている状態でした。

少ない人数で無理を強いており、疲労蓄積を心配していたときでした。事故が起きてしまいます。

五階付近で鉄骨の塗装作業をしていた職人が、誤って足場から足を踏み外して、落下してしまいます。安全ベルトは装着していたのですが、足を踏み外した衝撃でフックから二〇cm先のロープが切断されたのです。

この落下した職人は、同じ現場で働いていた山田さんの長男でした。

落下を聞いた山田さんは、慌てて現場に向かいます。人だかりをかき分けて近づくと額から血を流して横たわっています。意識もないようで、声をかけても反応がありません。

ふと気づくと、向かいに長男の手を握り締める男性がいます。そして、こうつぶやきました。「俺の息子が死んでしまう」

これは一体、何が起きているのでしょうか?

一見おかしなことが起きています。おわかりでしょうか。文章に間違いはありません。そうです。山田さんは女性です。向かいの男性は夫であり、落下したのは二人の子どもです。

多くの人が、男性の「俺の息子が死んでしまう」というつぶやきを読んで、「?」となったものと思います。建設現場の監督＝男性という前提(固定観念)があるために生じることです。

私たちは、知らず知らずに、こうした特定のものの見方、考え方、やり方にとらわれ、他の選択肢の存在を忘れてしまいます。

こうした**固着した前提(固定観念)が、マイナスの出来事を引き起こします。**

必ずしも正しくない答えを導くこの前提は、やはり成功体験から生じることが多くあります。

▼高い目標につぶされる営業パーソン

あるとき、ある会社の人事部長から相談を受けました。若手営業部員の離職率が高く、モチベーションも低い。どうすれば変えられるのか、という内容でした。

人事部長から話を聞いたあと、私はその会社の複数の若手営業パーソン、彼らの先輩である中堅営業パーソンや上司たちと一対一のインタビューを行いました。

そのなかで、若手・中堅営業パーソンからほぼ共通して、「若手にとっては目標が高すぎる」という意見が出ました。本人たちの実力からして、あまりにも高い目標が設定されているので、多くの人が期初の段階で「無理だろう」というスタンスになり、達成意欲が湧かない状態だったのです。

そして、数カ月もすると目標と現状のギャップが大きくなるため、ほとんどの人が目標を意識せずに漫然と仕事を進める状態に陥ります。

こうして、目標に向けて意欲的に取り組み、達成感を味わうという営業パーソンとしての醍醐味が得られない状況になっていました。

さらに、営業という仕事に対する自分の適性に疑問も生じさせることになり、離職を選択する若手が多かったのです。

私はシンプルに「適正な目標を設定すればいいじゃないか」と思い、その旨を人事部長に伝えると、人事部長は沈黙しました。


なぜでしょうか？


高すぎる目標設定の原因がトップ層にあったからでした。

社長も営業本部長も営業畑で大きな実績を上げてきた人たちでした。ハードな高い目標を自らに課すことで、発想が変わり、行動が変わる。その結果、成果があがり、自信と誇りが醸成されるという自らの成功体験に基づく考え方をもっていたのです。

そのため、若手社員の目標未達が続いても、本人たちの成長につながると信じて高い目標を設定し続けていたのでした。

しかし、ハードな高い目標は誰にでも当てはまるものではありません。実際、部下たちはモチベーション・ブレイクを引き起こしていました。

社長も営業本部長も特異な人たちではありません。お話すると常識的で社員に対する情愛をもっています。しかしながら、「ハードな高い目標が成功の前提である」という考えが根強く固着していました。

批判的思考を習慣化する

▼「無意識の前提」を外す習慣をもつ

イギリスの哲学者ジョン・スチュアート・ミルは、「表面的にいちばん目につくことが、出来事の原因とみなされやすい」と述べています。

社長と営業本部長が成功した本質的原因にはさまざまな要素があったはずです。しかし、二人にとっては目につきやすい「ハードな高い目標」が金科玉条のものとなり、それを誰も否定できない空気が営業部にできていました。

第1章で述べた、本質的な成功要因を分析することなく、アップルにゲームチェンジを仕掛けられているなか、ウォークマンという製品にこだわって、技術追求に走ることで音楽市場における地位を低下させたソニー（21ページ）。日露戦争における成功要因を「海戦要務令」「大鑑巨砲」に置き、太平洋戦争で真逆の結果を引き起こした日本海軍（51ページ）。

これらは、**〝目につきやすい出来事〟を成功の前提にとらえて失敗**した例です。

こうした前提は、現状を変えることで好ましくない事態が生じるのを避けたいという「現状維持バイアス」、自分の願望・先入観を補完する情報に意識が向かい、合わない情報は耳に入らない「確証バイアス」の影響を受けて、さらに強化されていきます。その結果、無意識の前提条件・固定観念に縛られ、環境変化に対応できない、的外れなことを続けてしまう状況に陥ります。いわば、リーダーたちを**「熟練した無能者」**にしていきます。

この無意識の前提を外す習慣をもつことが、とくにこれからのリーダーには求められます。具体的には**クリティカル・シンキングの習慣化**です。

▼従来技術を新発想で活かす

クリティカル・シンキングは「批判的思考」と訳されます。悪しき前提、固定観念、バイアスを外して、物事を正しくとらえて考える方法です。

第3章で紹介した家具メーカー飛騨産業（118ページ）は、節材は使用できない、スギなどの針葉樹は使えないという前提に疑問を感じ、そして見込型の大量生産について「本当にそうなのか？　できないのか？」とクリティカルに考えて、自社や業界の固定観念、常識を覆しました。

二〇一五年に、「日経ビジネス」誌で「次代を創る一〇〇人」に選出されたプロ経営者の伊藤嘉明さんも、クリティカル・シンキングによって組織の固定観念を打ち破ります。

伊藤さんは、デル、ソニーピクチャーズ エンターテインメント、ハイアールアジアなどで辣腕を振るった方です。直近では、旧三洋電機の白物家電事業部を母体としたハイアールアジア（現社名はアクア）の再生に挑みました。ハイアールアジアは、母体となった三洋電機時代から一五年連続赤字の企業でした。

就任時、伊藤さんはまず家電量販店に出向きました。さまざまな企業の冷蔵庫や洗濯機など白物家電商品を見比べるなかで、あることに気づきました。

洗濯機は、「年間の電気代が〇円節約できる」「音が従来品より静か」「洗濯槽の自動洗浄ができる」など、どの企業の製品も機能に大差がありません。消費者は予算に見合った価格で購入を決めていました。

どの企業も「白物家電とはこのようなものだ」という固定観念に縛られていることが見えてきました。そこで、クリティカルに考えます。

「洗濯機を必ず家に置いておく必要はないのではないか」

「カバンに入れて持ち運べる携帯型の洗濯機があれば便利ではないか」

そして生まれたのが、外出先で服に食べ物をこぼしてシミが付いた際に、その場で洗浄できる携帯型洗濯機「COTON」。初年度だけで四〇万台を売る大ヒット商品になりました。その後、水で洗えないスーツ、シルク、レザーなどをオゾンで洗う、水を使わない洗濯機「Racooon」を発売して話題になりました。

「COTON」も「Racooon」も、新しい技術が使われているわけではありません。従来からある技術を活用して、発想・視点を変えて生み出された製品でした。

▼クリティカル・シンキングのポイント

クリティカル・シンキングのポイントは三つです。

一つは、**目的志向**。問題解決にあたる際、あるいは解決に行き詰まった際に、「目的は何か?」「何をなし遂げたいのか?」を考えます。

こんな話があります。あるとき一人の男性がバーを訪れます。席に着くやいなや「水をくれ」と頼みます。するとバーテンダーはピストルを男性に突き出します。男性は、その後「ありがとう」とお礼を言って店を出ていきます。

「?」ですね。なぜ、男性はお礼を言って立ち去ったのか。

答えはこうです。男性はひどい〝しゃっくり〟をとめようと水を頼みました。そこでバーテンダーが、目的に最も効果があるであろうことを行った。そういうお話です。

これは、第2章で紹介した麹町中学校の工藤校長が実践していることです（92ページ）。「子どもたちが、社会でよりよく生きていけるようにする」「自ら考え、動く、自律心を養わせる」という学校教育の目的を突き詰めて考えることで、宿題なし、中間・期末テストなし、担任制廃止というクリティカルな施策が生まれ、成果をあげています。

二つ目は、これまで述べてきたことです。**誰もが限られた、誤った前提で物事を考えてしまう。この自覚をもつこと**です。

そして、三つ目が**目的・前提を問い続ける習慣をもつ**ことです。

「そもそも、この課題解決の本質的な目的は何なのか？」

「何のために、この企画を進めるのか？」

「今考えた意見は、どんな前提から導き出したものなのか？」

「その前提であるAとBは本当にそうなのか？」

「限られた前提（固定観念）で答えを導き出していないだろうか？」

「この人は、どんな前提をもとに意見を主張しているのだろうか？」

こうした質問を自分と他者に問う習慣をもつことが、適切な行動を生んでいきます。

「個性」をマネジメントする

▼人間行動を理解する

「敵を知り、己を知れば、百戦して危うからず」。有名な孫子の言葉です。

このなかの〝己を知る〟ことが、成功体験のダークサイドが表面化するのを防ぎ、自分自身、ひいてはチーム・組織のパフォーマンスを高めることになります。

人間行動を理解するための理論に、ＴＡ（交流分析。Transactional Analysis）というものがあります。カナダ出身の精神医学者エリック・バーンが開発した理論で、自己分析や他者との円滑な関係を築くためのツールとして活用されています。

その応用研究のなかで、弟子にあたるジョン・M・デュセイを中心に性格構造を分析する「エゴグラム」がつくられました。まず、この「エゴグラム」を解説します。

次ページの図をご覧ください。人間の個性傾向を大きく三つに分けています。

P（親）は、一般的な父親・母親が有しているような個性傾向です。

このP（親）は、CP（批判的性格）とNP（保護的性格）に分けられます。CPとNPは、それぞれFP（父性的性格）、MP（母性的性格）と言われることもあります。

A（大人）は理性的性格で、冷静に合理的な判断を下す大人の個性傾向を表しています。

C（子）は二つに分けられます。FC（少年的な自由奔放な個性傾向）とAC（少女的な周囲に順応していく個性傾向）です。

TA（交流分析）では、人は誰しもこの五つの個性傾向を有していて、ときと場合、相手によって使い分けていくと考えます。

たとえば、小さな女の子でも、弟が悪さをしたら父親のように厳しく叱ったりします。会社では厳格な管理職として通っている中高年の人でも、学生時代の友人と久し

エゴグラムの概略

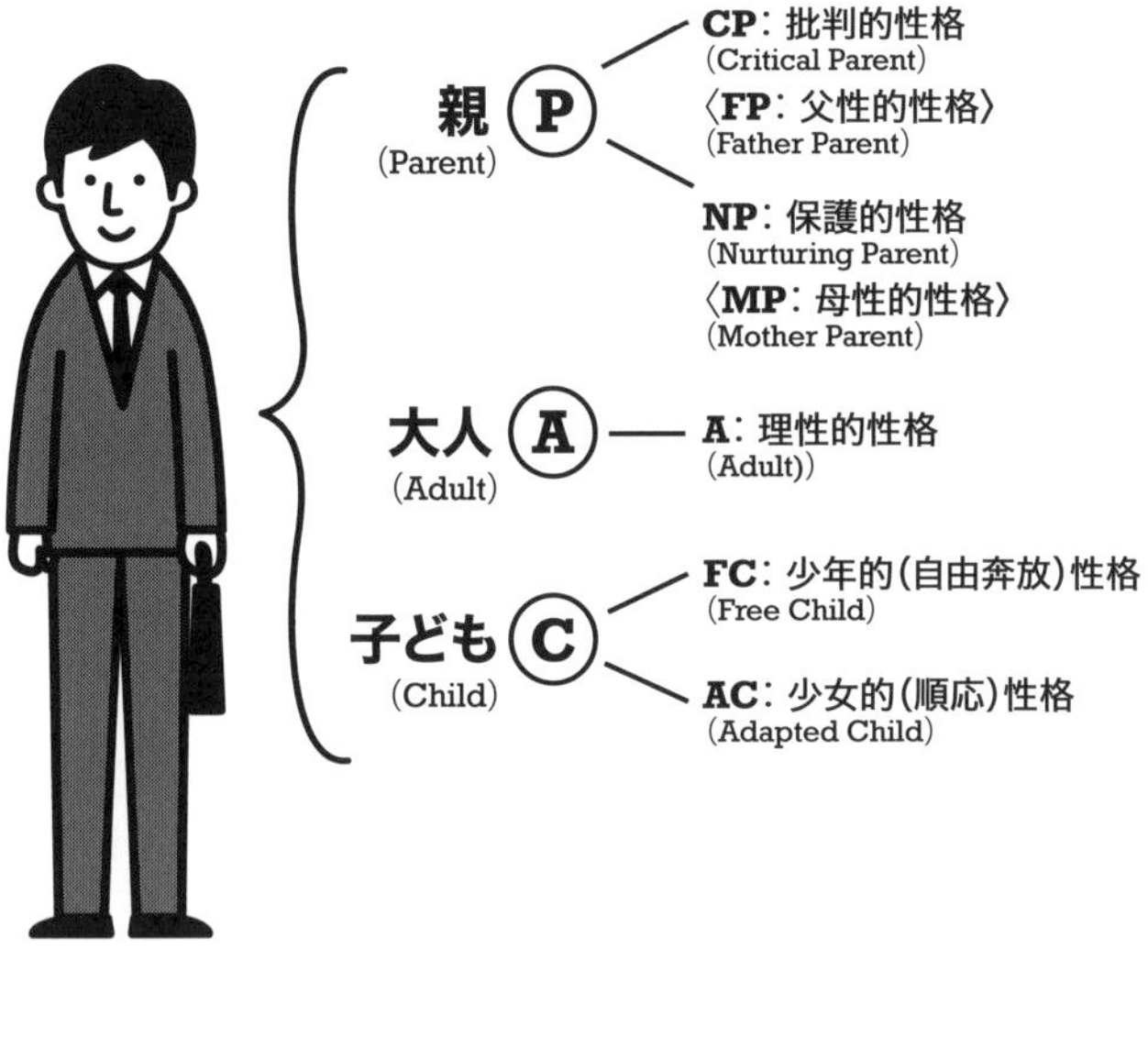
親 P
(Parent)
CP：批判的性格
(Critical Parent)
〈FP：父性的性格〉
(Father Parent)
NP：保護的性格
(Nurturing Parent)
〈MP：母性的性格〉
(Mother Parent)
大人 A
(Adult)
A：理性的性格
(Adult))
子ども C
(Child)
FC：少年的(自由奔放)性格
(Free Child)
AC：少女的(順応)性格
(Adapted Child)

エゴグラムによる個性傾向

個性		CP(父性)	NP(母性)	A(理性)	FC(自由)	AC(順応)
長所・短所	+	・正義感 ・指導的 ・責任感 ・厳格姿勢 ・努力家 ・自分軸強い	・保護的 ・共感的 ・同情的 ・世話好き ・ボランティア精神 ・受容的	・理性的 ・合理的 ・現実的 ・分析的 ・理知的 ・効率重視	・活動的 ・創造性 ・積極性 ・好奇心 ・行動力 ・明るさ	・協調的 ・順応的 ・改善力 ・他者に対する配慮 ・傾聴姿勢
	−	・独善的 ・支配的 ・懲罰的 ・権威的 ・批判的 ・完璧主義	・過保護 ・過干渉 ・曖昧 ・介入的 ・自虐的 ・逃避傾向	・機械的 ・上から目線 ・冷たい印象 ・人情の機微がみえない ・打算的	・衝動的 ・無計画 ・攻撃的 ・自己中心的 ・ルール、規則を守れない	・追随的 ・消極的 ・守備的 ・反抗心 ・過剰忖度 ・同情を誘う
常套句・表現		・○○すべきだ ・××しかない ・押し付け調 ・威圧的 ・断定的	・○○してあげたい ・肯定 ・柔らかい ・同情口調	・具体的に言えば ・5W3H ・わかりやすい ・冷静	・擬音が多い ・明るい ・話が飛ぶ ・感情的 ・喜怒哀楽明確	・○○でよいですか ・少し長め ・言葉を選ぶ ・遠慮がち
判断軸		勝負・善悪	貢献	損得 合理・非合理	快不快	他者評価

ぶりに会った飲み会では、はめを外して少年的な性格の立ち居振る舞いをしたりします。

そして、人はそれぞれ五つの個性傾向に強弱があり、それが一般的にいう性格・個性の違いとなって表れます。

▼エゴグラムにおける個性傾向

五つの個性傾向を、前ページの表で確認していきましょう。

人は、五つのなかで強い個性傾向が前面に出やすくなります。そして、この個性においても光と影の法則が働きます。

一つの個性のなかによい面と悪い面の両面があり、よい面として個性が発揮されるときもあれば、悪い面が発揮される場合もあります。

たとえば、〝正義感〟はいきすぎると〝独善的〟です。〝保護的〟は行き過ぎると〝過保護〟になり、相手を甘やかすことになります。

それでは五つの個性傾向について個々に説明しましょう。

CP（父性）

ＣＰ（父性）は、昭和前半の厳格な父親のような個性傾向です。責任感が強く、道徳的で、努力家。集団のなかでリーダーシップを発揮することが多く、周囲からは強くて頼もしい印象をもたれます。

マイナス面でいえば、独善的で、他者の意見を受け入れる姿勢の薄い面が挙げられます。また、過度に厳しくなる傾向があり、煙たい存在として気軽に接しにくい面があります。

目下の人間がタメ口を利くと説教します。

固定観念をもちやすいタイプでもあります。

NP（母性）

ＮＰ（母性）は、優しいお母さんのような個性です。

人に接するときは保護的・受容的で、相手や物事をまずは受け入れていこうという基本スタンスがあります。

ＣＰと違って接しやすく、多くの人に好かれるタイプです。

気配りもでき、他人に対する援助・貢献心が強い傾向にあります。そのため、さまざまな情報が集まりやすく、NPの高い人は情報通になりやすい人です。

ただ、人に対して過干渉になる傾向があります。お母さんが、子どもが遅く帰ってくると、「誰と一緒だったの？」「どこに行ってたの？」「何をしてたの？」と介入的になるようなことです。

また、八方美人で優柔不断に陥ることがあり、明確な意思決定を避けて玉虫色の決着を行う傾向があります。問題の先送りを行うこともあります。

A（理性）

A（理性）は、合理的なビジネスパーソンのような個性傾向です。

頭の回転が速く、仕事をサクサクと進めていきます。考え方が論理的、現実的で、その判断の多くは的を射ています。話もわかりやすく、相手に誤解を生じさせることが少ないタイプです。

しかし、ときに機械的に物事を進める傾向にあり、他者への配慮を欠いて軋轢を起こすこともあります。また、周りの人から冷たい印象をもたれやすいといえます。

FC（自由）

FC（自由）のイメージは〝やんちゃ坊主〟です。

天真爛漫で、喜怒哀楽がわかりやすい傾向にあります。好奇心が強く、新しいことが好きです。行動力もあり、人とは一味違うクリエイティブな発想ができる個性です。非定型の新規業務、営業の新規開拓や開発業務などに適性があり、組織に新しいものを運んでくる役割を担うタイプでもあります。

逆に、定型的な仕事は苦手な傾向にあります。営業では新規開拓が得意ですが、ルートセールスで定期的に訪問してお客様を深耕することは不得手です。計画的に動くことも苦手です。

整理・整頓が不得意で、カバンや財布の中はぐちゃぐちゃだったりします。束縛されることを嫌い、ルールを守るのが苦手です。部下としては扱いが難しいタイプです。

AC（順応）

AC（順応）は、従順な少女的傾向です。

和を尊び協調的で、他者への配慮も細かいところまで行き届き、工場現場などで言われる〝次工程はお客様〟を体現できる個性です。

定型的な仕事に強く、営業でいえば、顧客と長いつき合いをしていくなかで、誠実な対応を続けて信頼を勝ち取り、深耕を図っていくことができます。また、改善力が高く、よりよいアウトプット、効率化を進めていきます。

一方、新規非定型の業務を好まない傾向にあります。また、コツコツと改善していくことは得意でも、発想の飛躍が起きにくい面があります。

他者に対して過剰適応をして、忖度がいきすぎてしまう面があったり、主体性が発揮されず追随的になることも起きます。


以上が五つの個性傾向です（エゴグラムの数値は、五〇問の設問を回答することで導き出せます。設問はインターネットのさまざまなサイトで公開されています）。

ちなみに日本人は平均的に、ＮＰ（母性）とＡＣ（順応）が高いといわれます。年始には神社に行って家に仏壇があり、年末にはクリスマスツリーが飾ってある。年始には神社に行って初詣を行う。これだけ多様な宗教を受容して、よいところだけ日常に反映させる国民もなかなかいないでしょう。

トヨタに代表される〝カイゼン〟が得意中の得意です。協調的に物事を進めて組織的に動くことに強みがあります。

しかし、総じて国も組織も、問題の先送りをする傾向があり、厳しい決断が苦手です。一を一・一にすることは得意ですが、発想を変えて一を一〇にするような思考・行動は苦手。ゲームチェンジは得意ではありません。

職人気質が多く、イノベーター気質が少ないといえるでしょう。農耕民族的で、狩猟民族的な発想や行動はなかなか出てきません。

エゴグラムを使って運営する

▼「影の部分」を頭に入れておく

エゴグラムを踏まえて考えると、私たちは二つのことを意識することが求められます。

一つは、**自分の個性傾向の強み・弱みを踏まえた振る舞い**です。

CP（父性）傾向の強いリーダーは、第1章の後半「優秀なリーダーが部下をダメにする」で述べた（55ページ）、部下・組織を思考停止に陥らせる危険性が高い個性です。

優秀なリーダーは、強いリーダーシップのもと、自分の方針に沿って部下を動かし成果をあげていきます。優秀であるほど、方針・指示は的を射ており、部下から見て反論する余地はありません。しかし、こうした状況が続くと、部下が〝頭〟を依存していきます。また自他ともに厳しく、要求水準が高いため、部下への叱責が起きやすくなります。すると、部下は萎縮していきます。

「目標達成・課題解決のための最良の施策は何か？」「お客様は何をすれば喜ぶのか？」という視点で考えるより、「上司に怒られないためには？」「上司が求める正解は何か？」という、おかしな発想が部下たちに蔓延していきます。

部下たちは、責められるのが怖いため、報告は不安要素・問題点が削られた内容となり、真水の情報が上がってこなくなっていきます。そしてリーダーは、いつしか裸の王様のような状態に陥ります。

AC（順応）が高いリーダーは、保守的・慎重な傾向があります。現状に問題は感じるものの、変えることによって好ましくない事態が生じるリスクを避ける「現状維持バイアス」がかかりやすく、対応が後手に回ることがあります。

いずれもいささか極端に述べましたが、悪い方向に個性傾向が働けばこのようなことが起きます。

個性傾向の「影の部分」を頭に入れて、チーム運営、組織運営を行う必要があるのです。

▼苦手を補い合う組織をつくる

もう一つ意識すべき点は**補完**です。

どうしても人間は、自分と同じもの、似ているものに親近感・安心感をもちます。価値観が近ければ話も合いますから、似た者同士で集団が形成されていくことになります。

ある企業が、このエゴグラムを全社員に実施して、入社年次順に並べてみると、見事にある期間、同じ個性傾向の人たちが入社していました。なぜでしょうか。

その期間だけは、当時の人事部長が採用を一人ですべて差配・決定しており、その人事部長と同じ類型の人ばかりが採用されていたのです。

同質集団は、価値観が合うので方針もまとまりやすく、ベクトルを合わせて行動して短期的には成果をあげていく傾向にあります。しかし、強いところは同じように強いが、弱いところは皆が弱いということになります。

また、組織は役割分担を行い、1+1=2ではなく、1+1が3、4……10になるような相乗効果を得ることをめざします。

新規開拓もできて、定型的かつ煩雑な経理業務を完璧にこなし、若手社員に寄り添いながら育てていくというような、何でも高いレベルでオールマイティーにこなせる人はそういません。互いが苦手なところを補完し合い、その強みで組織に貢献していくことで相乗効果が得られてWin・Winの状況が実現します。

成功体験のダークサイドに陥らないようにするには、さまざまな個性を有した組織をつくり、自分を補完してくれる上下横の人物とパートナーシップを意図的に組んでいくことが求められます。

リーダーは率先して「失敗」しよう

▼〝七転び八起き力〟が競争力の源泉

ＩＢＭの実質的創業者のトーマス・Ｊ・ワトソン・シニアがこんな言葉を遺しています。

「早く成功したいなら、失敗を二倍の速度で経験することだ。成功は失敗の向こう側にあるのだから」

世の中の急速な変化を、人間の七倍の速度で年をとる犬にたとえてドッグイヤーと呼びますが、今は、一年で一八年分の変化が生じるマウスイヤーになっているといわれます。このような時代には、新しいチャレンジをスピーディーに行って、〝よい失敗〟

を重ねながら、売れる仕組みをつくっていくことが求められます。組織やチームの〝七転び八起き力〟が競争力の源泉になるのではないかと思います。

そうした力を組織やチームにつけるためには何が必要か。やはりリーダーの率先垂範です。**組織やチームのリーダーが新しいチャレンジをどんどん行い、失敗を見せることです。口で言うだけでは、人間誰しも失敗して非難されるのは怖いので動きません。**リーダー自らがやって見せなくてはなりません。

私が若いとき、先輩たちが相撲になぞらえて、こんな話を酒席でしていました。

「相撲は、一場所で一五試合戦わなければならない。力士は一五勝〇敗の全勝をめざすべきだが、われわれはそれをめざしてはダメだ。われわれが一五勝〇敗できるのは、それが可能な楽な土俵で戦い続けているからだ。それでは成長しない。未来がない。チャレンジをして、ときに失敗しながら、負けながら、**八勝七敗で勝ち越しを続けていく。**これが中長期的に大事なことなんだ」

真理を突いた話です。リーダーが率先して、負けたり勝ったりを見せることが、VUCAワールド時代の組織やビジネスパーソンに求められる重要コンピテンシー（行動特性）を体得させることにつながります。

適度なストレス状態をつくる

▼ストレッチ・ゾーンが人を成長させる

アメリカの心理学者ロバート・M・ヤーキーズとジョン・D・ドットソンが提唱した「ヤーキーズ・ドットソンの法則」というものがあります。

私たちはある程度のストレスを感じていたほうが、まったくストレスのない状態よりもパフォーマンスが向上するため、意図的に適度なストレス状態をつくることが大切だというものです。

この流れを汲んで生み出されたものに「三つの心理領域」という考え方があります。

175ページの図を参照してください。

図の中心に位置するコンフォート・ゾーン（快適領域）は、得意な慣れ親しんだ業務や課題をこなす、見知った人間関係のなかで過ごすなど、安心感があり居心地のよい環境を指します。

その外側に位置するのがストレッチ・ゾーン（挑戦領域）です。

難易度の高い業務や新しいチャレンジが促されて、心理的に負荷がかかる状態です。しかし、手を伸ばしてジャンプをすれば届くレベルで、無謀な挑戦を行うわけではありません。スキルやマインドセットも向上することから、ラーニング・ゾーンともいわれます。

一番外側にあるのがパニック・ゾーン（混乱領域）です。

かなりのストレスが生まれる厳しい局面で目標達成や問題解決を進める状況を指します。ハイリスク・ハイリターン型で大きな成長と成果が期待できます。言い方を変えると、一般的にはあまりいかない・いかせない領域です。度合いによりますが、エリート教育においては何度か体験させる領域です。

▼隙を見つけたらストレッチを課す

人間の脳は、基本的に「快」を求めて、「不快」を避けるようにできています。そのため、多くのケースで人は自然にコンフォート・ゾーンの方向に向かっていきます。しかし、それでは成長が停滞します。コンフォート・ゾーンに長くいることは、企業においては環境変化に適応できない状況を生むことになっていきます。

経営陣、部門・部署の管理者、チームリーダーは、個人はもとより、組織全体に対して意図的にストレッチ・ゾーンを用意することが求められます。

具体的には、組織・部下のストレス状況や成熟度を見ながら、ときに発想を変えざるを得ないストレッチ目標を課していく必要があります（先に述べた若手営業パーソンの目標事例のような、力量に見合わない高すぎる目標や継続的なストレッチ目標は一般には適しません）。

「昨日したことを今日も行う。今日行ったことを明日も行う」というような思考停止した仕事をさせないように、つねに工夫・改善を求めていきます。

ハードルを上げた課題や業務をどんどん担当させ、ルーティンワークにおいても、

３つの心理領域

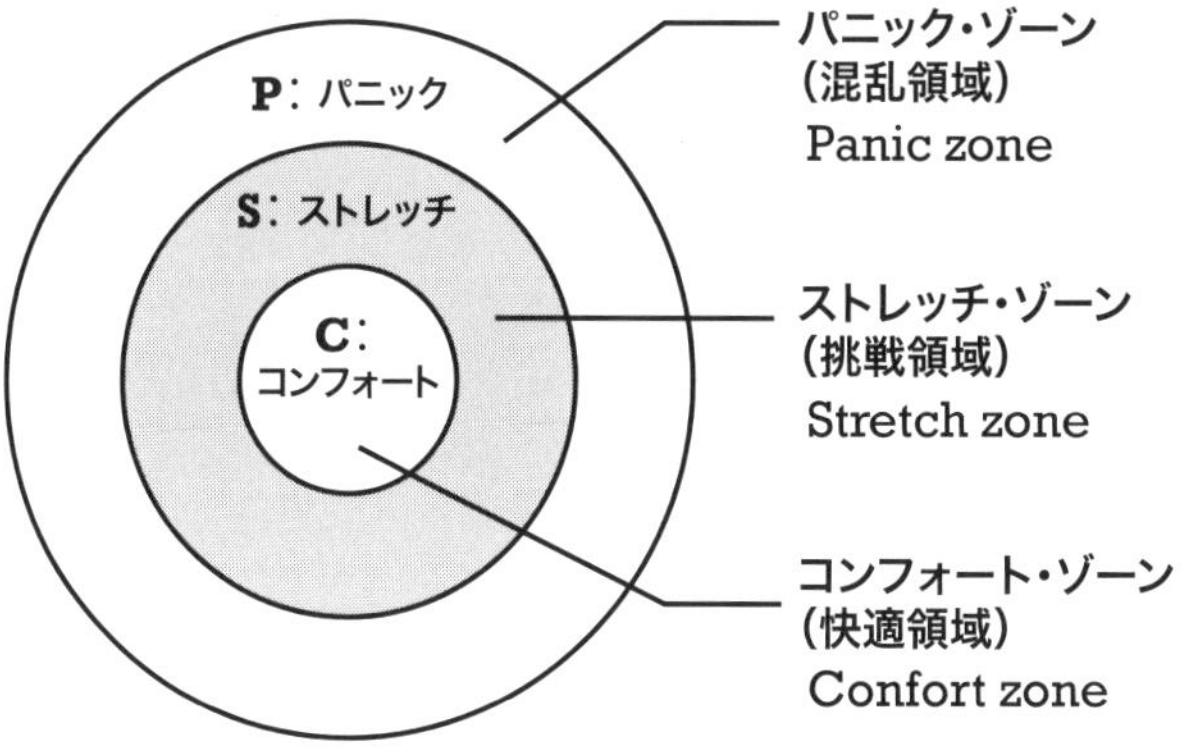
P：パニック
S：ストレッチ
C：
コンフォート
パニック・ゾーン
（混乱領域）
Panic zone
ストレッチ・ゾーン
（挑戦領域）
Stretch zone
コンフォート・ゾーン
（快適領域）
Confort zone

より安く、より楽に、より早く、そしてより正確なアウトプットを出せるように考え、動くことを求めることが大切です。

〝隙を見つけたらストレッチを課す〟つもりでストレッチ・ゾーンを用意するのが、強い組織や部下をつくることにつながります。

「時間感覚」を変え、「異質」を投入する

▼高速でPDCAを回す

私は三〇年近く、人材・組織開発コンサルタントとしてさまざまな企業を見てきて、成功体験のダークサイドを克服し、継続的に成長を果たし続けている企業にはいくつかの共通項があると感じています。

一つが、「勝負の土俵がよい」ということです。成長企業は、伸びる業界・商品・エリアに進出し続けています。表現を変えると、競合の弱いところで戦っています。

そして、「理念の体現度」が高いこと。経営理念、信条、クレドといったものが額

縁に飾られているだけではなく、多くの社員が理解・共感している会社です。理念を日々、ブレイクダウンして持ち場や責任範囲で実践していることも挙げられます。

そしてもう一つが、**スピード**です。

その有名な企業として、創業以来、毎年二〇%以上の売上伸長を果たし続けているアマゾンがあります。

商品配送も「当日配送」どころか「最短一時間配送」までやってのけていますが、その仕組みをつくり出す人間の意思決定と業務スピードがとにかく速い。アマゾンOB、在籍者たちが前職と比較して段違いのスピードであることを述べています。

私の関係先でも、伸びている会社では、社長や社員との対話で出てきていたことや、経営会議、部門会議、部門横断型のプロジェクト会議で話題に挙がっていたことが、一カ月後に訪問するとまったく違ったものになっていることが多くあります。高速でPDCAが回っているのです。

こうした企業は共通して、社員の仕事が速い。

顧客や上司からの依頼事項、会議や打ち合わせで決定したことは、即座に手帳を開けて（あるいはスマホやタブレットを使って）、計画・段取りを組んでスケジューリングをします。そして、**初動速く**動き出します。

社員の多くがこうした仕事の進め方をしていると、当然、組織全体の課題解決スピードが上がります。想定外の事態が起きても時間的余裕があるため、適切に対応できます。

逆に、業績が低迷している組織では反対の状況が起きています。

訪問すると、一カ月前に話していたことが小田原評定のように繰り返し話され、結論が出ていない。社員の多くが課題を先送りする傾向にあり、なかなか動き出さない。その結果、仕事が溜まって処理に追われることになり、中途半端な対応しかとれずに成果が出ない、納期に遅れるといった事態が頻発します。

こうした会社では、あちこちで上がる火の手を消すので精一杯になり、未来に対して先手を講じるような動きがとれず、どんどんジリ貧状態に陥っていきます。

組織の変革には、戦略・商品・人材などさまざまな要素を変えていくことが求められますが、その**源となる時間感覚を変えることが最も重要**です。固定観念化している遅いスピード感を変える。ここが大きなポイントです。

▼意図的によそ者を投入する

第2章で学習性無力感についての実験を紹介しました。カマスの話です（104ページ）。

カマスと餌の小魚を同じ水槽に入れ、真ん中に透明の間仕切りを入れてカマスと小魚を分ける。カマスは小魚を食べようとするが、間仕切りにぶつかって食べられない。何度も頭をぶつけてチャレンジするものの食べられない状況が続くと、カマスは食べるのを諦めてしまう。しばらくして間仕切りを外しても小魚のほうに向かわない。小魚が目と鼻の先にきても食べようとしない。

努力しても成果が出ない状態が続くと無力感が生じて、努力をしない状態に陥るという話でした。経験から固定観念が生まれ、状況・環境が変わっているにもかかわらず、無自覚的に非合理な行動をとってしまうことを述べています。

じつは、カマスの話には続きがあります。

目の前に小魚が泳いでいても〝食べられない〟と思い込んでいるカマスのいる水槽に、別のカマスを入れます。すると新人カマスは小魚をあっという間に食べてしまいます。すると、長く水槽にいるベテランカマスに「エッ、食べられるの？」というような驚きの事態が生じます。

新人カマスの様子を見たベテランカマスは、半信半疑ながらも小魚に近づいていきます。そして口を開けて、思い切って食べてみる。「美味い！　なんだ、食べられるんだ」。その後、ベテランカマスは以前のように小魚を食べるようになります。

これまで述べてきたように、経験を積むことのダークサイドとして悪しき固定観念が生まれます。一面的にしか物事が見られず発想が固定化します。「○○は××である」という社内常識・組織常識に無意識レベルでしばられるようになります。

同じ場所で、同じ経験を長年積んでいくと、組織に所属する全員が同じ固定観念をもってしまいやすくなるのです。

そこで**意図的に異質（よそ者）を投入します。**

社内でいえば、他部門・他職種からの異動を求め、受け入れる。中途採用をする場合は、同業界ではなく、あえて異業種・異分野からの人材を採用する。既存メンバーと価値観・志向が違う人物をあえて入れてみる。

リーダー層も、そして当然配下のメンバーも、同質人材の集団は心地よいコンフォート・ゾーンです。意識しなければ同質で固めていきます。そこで、組織に〝ゆらぎ〟を生じさせるために、計画的・定期的に異質人材を入れて、固定観念を崩していくことが求められるのです。

リーダーは、この**異質人材が同質化しないように心がけることも必要**です。疑問を感じることを聞き、提言を受け入れて変えるべきことは変えていく。リーダーが率先して固定観念を改める動きを行うことで部下たちにクリティカルな発想が生まれていきます。

妄想のメカニズムを理解する

▼意味づけが感情や行動を左右する

組織力を向上させる要素は「人間」という言葉で説明できます。

人……一人ひとりのスキル、マインドセット、モチベーションの質を高めていくことで、組織の力はあがります。

間……関係性です。人と人、部門と部門の関係性を向上させることで組織力は高まり、付加価値が生まれてきます。

ここで、社員間・部門間の関係性を阻害する要因を探り、組織力・チーム力を高めるための手立てを確認していただきましょう。

アメリカの心理学者アルバート・エリスが提唱した論理療法（心理療法の一種）の中心概念に「ＡＢＣ理論」というものがあります。

「出来事が、直接的に人の感情や行動を決めるのではない。意味づけが感情や行動を左右する」という考え方です。

次のように図式化されます。

A：出来事（Activating event）

↓

B：解釈・受け止め方（Belief）

↓

C：生じる感情・思考・行動（Consequence）

「出来事」に対する「解釈・受け止め方」が「生じる感情・思考・行動」を決めます。

補足すると、同じ場所で同じ経験をしても、人はそれぞれ受け止め方が違うので、ある人はやる気になり、ある人は落ち込むといった、異なる感情・思考・行動が生じます。

わかりやすく事例で説明すると、187ページの図のようになります。

図の左側のサンプルⅠ、入社半年の若手社員Xさんの場合はこうなります。

A：出来事

時間をかけて作成した顧客提出用の企画書を上司に提出します。しかし、上司からダメ出しを受けます。

↓

B：解釈・受け止め方

ダメ出しを受けて、「これだけ時間をかけたのに、やはり自分には能力がない」ととらえます。

↓

C：生じる感情・思考・行動

そして、「自分は、この仕事は向いていない。転職したほうがいい」という考えに至りました。

一方、右側のサンプルⅡ、同じく入社半年の若手社員Yさんの場合はこうです。

A：出来事

Xさんと同じように、時間をかけて作成した顧客提出用の企画書を上司に提出します。しかし、やはり上司からダメ出しを受けます。

↓

B：解釈・受け止め方

ダメ出しを受けて、「よりよくするためのポイントが見えてきた！」ととらえます。

↓

C：生じる感情・思考・行動

そして、「指摘を踏まえ、お客様に採用いただける企画書にしよう！」という考えになりました。

ABC理論

Activating event
（出来事）

Belief
（解釈・受け止め方）

Consequence
（生じる感情・思考・行動）

サンプルⅠ
～入社半年の若手社員Xさんの事例～

A:出来事
時間をかけて作成した顧客提出用の企画書を上司に提出したがダメ出しをされた

B:解釈・受け止め方
これだけ時間をかけたのに、やはり自分には能力がない

C:生じる感情・思考・行動
自分にこの仕事は向いていない、転職したほうがいい

サンプルⅡ
～入社半年の若手社員Yさんの事例～

A:出来事
時間をかけて作成した顧客提出用の企画書を上司に提出したがダメ出しをされた

B:解釈・受け止め方
よりよくするためのポイントが見えてきた！

C:生じる感情・思考・行動
指摘を踏まえ、お客様に採用いただける企画書にしよう！

前者のXさんのように、望ましくないC（感情・思考・行動）を生み出す悪い解釈を「イラーショナル・ビリーフ」といいます。それに対して、後者のYさんのような、プラスのC（感情・思考・行動）を生み出すよい解釈を「ラーショナル・ビリーフ」と呼びます（左ページ）。

普通に考えれば、入社半年程度のXさんが上司からダメ出しを受けるのは、経験量からいって特別なことではありません。「能力がない。仕事が向いていない」と解釈するのは極端であり、客観的に考えて非合理です。

こうした非合理な解釈（イラーショナル・ビリーフ）を、Yさんのように論理的によい方向に書き換え、プラスの心理、ひいてはよい結果を生み出す働きかけをすることがＡＢＣ理論の目的です。

よい解釈と悪い解釈

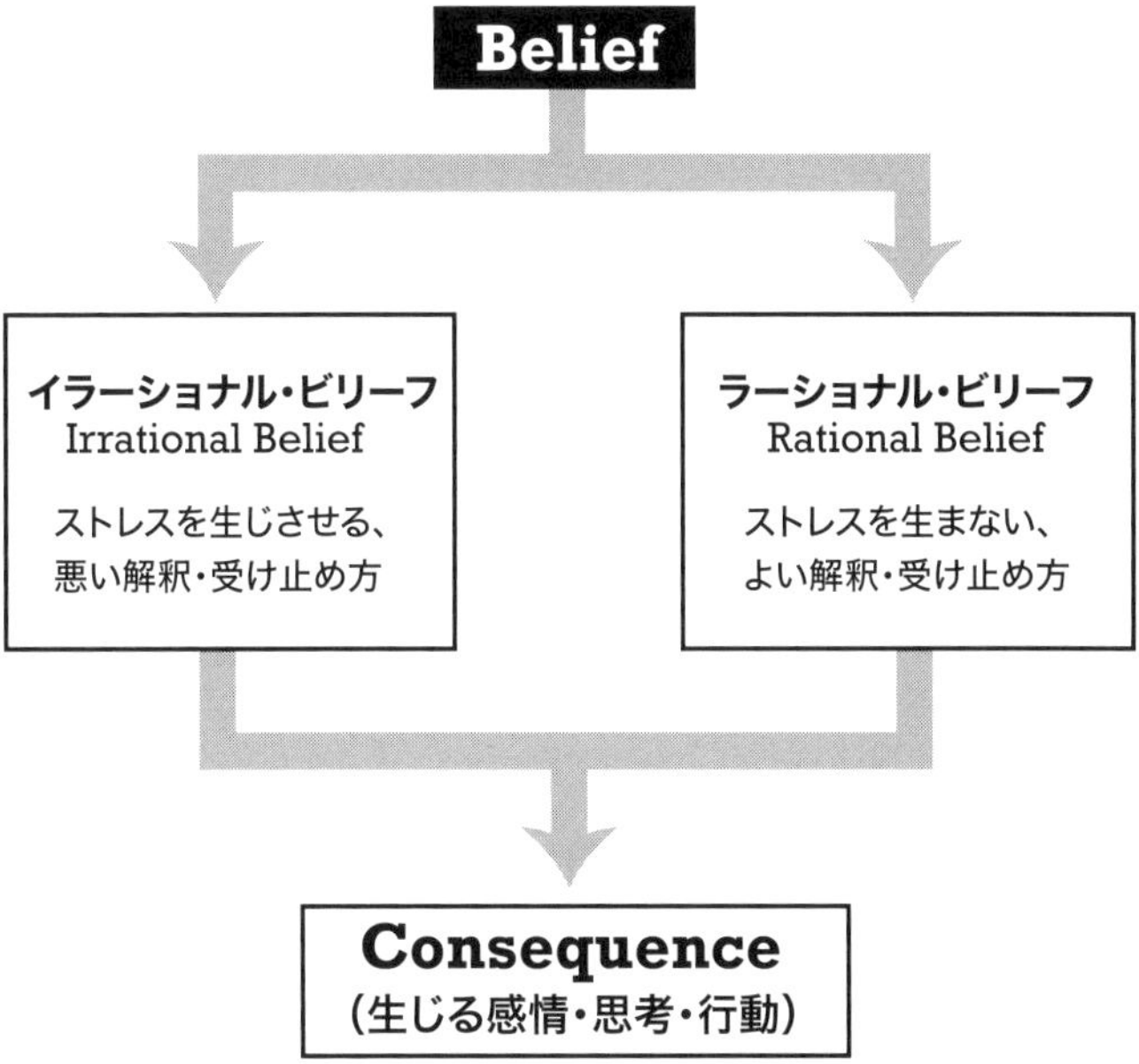
Belief
イラーショナル・ビリーフ
Irrational Belief
ストレスを生じさせる、
悪い解釈・受け止め方
ラーショナル・ビリーフ
Rational Belief
ストレスを生まない、
よい解釈・受け止め方
Consequence
（生じる感情・思考・行動）

「妄想9割」を解消する

▼悪印象をもつと解釈が悪いほうに考えがち

会社組織では、社員間・部門間の軋轢や対立がどうしても起きます。その発端には、さまざまな要因がありますが、対立する相手の言動の解釈や受け止め方によって問題が大きくなることがあります。たとえば、次のケースです。

A：出来事

会議で自分が発言しているとき、同僚が目線を合わさず腕を組んでいる。

↓

B：解釈・受け止め方
以前の会議でも私の意見に反対している。この同僚は私のことを軽視している。
↓
C：生じる感情・思考・行動
あの同僚と協力して仕事を進めるのは難しい。

しかし、目線を合わさず腕を組んでいるから相手を軽視しているのかといえば、違う可能性もあります。その発言をじっくりと吟味していたのかもしれません。また、仕事でトラブルを抱えていて人の話を聞くどころではなかったのかもしれません。

非合理な解釈（イラーショナル・ビリーフ）が増していくと、**「妄想9割・事実1割」**の状態に陥るといいますが、人は、何かのきっかけで相手に悪印象をもつと、出来事の解釈が悪いほうにばかり向いて、事実ではないことを考えやすくなります。

社員間の軋轢も部門間の対立も、それぞれが悪い解釈を重ねることで誤解が誤解を生み、協働が十分になされないことが大きな要因になっている場合があります。

そういう意味で、相互に不信感があり、協働が不十分な関係の改善においては、「妄想ばかりしていたんだな」と互いに気づかせることが一つの解決法になります。

「カタライザー」（客観的な立場で対話をコーディネートする人物）が間に入って、まずは互いに現在の悩み、苦労、努力を語り合う。そして互いに感じていた、当事者間における、これまでの出来事の解釈を伝えていく。そのなかで、少しずつ誤解が解けていき、自分たちの妄想が問題を大きくしていたことに気づき、関係性が改善の方向に向く。こうしたことが多くあります。

働き方改革・生産性向上がよく語られ、それに伴って多くの業界でＩＴツールの導入が盛んですが、さまざまな企業を見ていると、このような妄想を解消して社員間・部門間の関係性を改善していくことが、生産性を高める本質ではないかと感じます。

ここまで幾つかの切り口で、成功体験のダークサイドが生じることを防ぐポイント、そして、組織・部下を変革期に対応させていくために働きかけることを述べてきました。

もちろん他にも実施すべきことはあり、本書をご覧いただきながら、為すべきことを思い浮かべられたこともおありかと思います。是非、ご自身の置かれている状況に合わせて、できる・変えられることから実践し、よき未来をつくる土台づくりを始めていただければ幸いです。

おわりに

私は、昭和の右肩上がりの時代に生まれ育ち、平成の初めに就職をしました。いわゆるバブル入社組です。ビジネスの世界で過ごした平成の三〇年を振り返ると、日本の経済はいくつか厳しい時期がありました。

バブル崩壊により金融機関の統廃合が生じた時期は、貸し渋りが起き、財務体質の弱い企業は苦境に追い込まれました。

その最中にこんな出来事がありました。日曜日に自宅にいると、午後三時頃に一本の電話がかかってきました。受話器を取ると、いきなり男性の声で「三〇〇万円足りないんだ」と言います。かけ間違いかと思ったのですが、よく聞いていくと、顧客企業の社員の義兄にあたる方でした。貸し渋りで資金繰りに窮されてのご相談で、すぐにその会社に向かって話をうかがいました。

その後のリーマン・ショックはまさに衝撃的な事態でした。読者の方々も、大変な状況に対応された方が多かったと推察します。とくに製造業は大変でした。人的リストラをせざるを得ない状況に追い込まれたお客様が多くありました。

そして令和の新時代に入りました。二〇二〇年五月現在、世界的なコロナウイルス禍の影響で経済活動が停滞しています。リーマン・ショックを超える事態に直面することになりました。一刻も早い収束が望まれますが、この事態が時代のターニングポイントになるのではないかと思います。

これからの三〇年は、平成の三〇年とは次元の違う状況になります。まず、本格的な少子高齢化・人口減少により、企業活動の「前提」が変わります。

日本の人口は、弥生時代は五九万人でした。武家政権が樹立された鎌倉幕府の成立時期は七六〇万人。江戸幕府が始まる一六〇〇年頃は一二三〇万人でちょうど今の一〇分の一ほど。そして明治維新の時期で三三三〇万人。太平洋戦争の終了時は七二〇〇万人でした。そして現在は約一億二六〇〇万人。

人口は一貫して増えてきました。とくに、戦後は五〇〇〇万人もの増加。戦後の人口増加は世界的な現象でしたが、この人口増が当たり前の社会が今、分岐点を迎えています。日本がその先頭を切ります。

日本の人口は、出生中位予測で二〇年後は一億一〇九〇万人となり、現在より一二

%減少します。三三年後には一億人を割ると予測されています。さらに、今世紀末には半分以下の六〇〇〇万人が予測されています。太平洋戦争前のレベルに戻ります。

より問題なのが、一五歳から六四歳までの生産年齢人口です。二〇二〇年は七四〇〇万人ですが、一〇年経たないうちに七〇〇〇万人を割ります。二〇年後は六〇〇〇万人を割り、三〇年後は五二六五万人になるとの予想です。

平成期間と同じ三〇年で約二一三五万人の働き手、消費の中心を担う人々がいなくなります。ちなみに、これはオーストラリアの総人口と同じくらいの数です。

日本では、人口減少という未知の事態が緩やかではなく急激に起きます。年金・保険など、世の中の仕組みの多くが人口増を前提としてつくられていますが、これからは同じ発想では成り立ちません。社会の根本的なところから変革をせざるを得ない状況になります。

そして、マイクロソフトのトップがコロナウイルス禍の影響で「この二カ月間に、二年間で起こるデジタル変革が生じた。」と述べていましたが、緩やかであったオンライン化・デジタル化が日本でも急速に進むことは間違いありません。

アメリカで、「クライシス・シェイプ・ヒストリー：危機が歴史をつくる」といいます。危機の前と後では世界の様相が一変してしまうということを語っている言葉です。経済・経営活動を大きく変えていくことになるでしょう。

有史以来、こうした誰も経験したことのない環境を迎えていきます。ほとんどの企業組織において、ビジネスモデルの転換、掘り下げれば成功体験からの脱却を図り、新たな視点・発想で市場に臨んでいくことが求められます。

しかし、人間は、とくに日本人は、未来の環境変化に備えて、問題が生じる前に革新を果たすのは得意ではありません。

〝昨日したことを今日も行う〟〝今日行ったことを明日も続ける〟式の仕事・経営を続けた一〇年後、二〇年後はどうなっているか。もしもタイムマシンがあって、社員旅行をして皆でその状況を見てくれれば、相当な危機感をもって革新に向けて動いてくれるでしょう。しかし、そんなものはありません。

ならば誰かが、変化の必要性を説き、先頭を切ってチャレンジする「ファーストペンギン」（ペンギンの群れのなかから、天敵がいるかもしれない海へ、魚を求めて最初に飛びこむ一羽の勇敢なペンギン）になる必要があります。

この本を手に取り、最後までお読みいただいた方々は、おそらく所属されている組織のなかで革新を率先してリードされていく方々であると推察します。本書の内容が、皆さんの組織、周りの方々をよい方向に導く一助になれば幸いです。

最後になりましたが、守秘義務の関係上お名前を出すことはかないませんが、事例に登場いただいた皆様に心より感謝申し上げます。また、本書は三〇年近くのコンサルティング体験を通じての実践知がベースとなっています。これまでご縁をいただいたクライアント企業の皆様にも深く御礼申し上げます。

二〇二〇年五月

志水　浩

■参考文献

『本業転換』山田英夫、手嶋友希（ＫＡＤＯＫＡＷＡ）
『成功体験はいらない』辻野晃一郎（ＰＨＰ研究所）
『シャープ「企業敗戦」の深層』中田行彦（イースト・プレス）
『日本「半導体」敗戦』湯之上隆（光文社）
『イノベーションのジレンマ』クレイトン・M・クリステンセン（翔永社）
「日本経済新聞」２０１９年10月12日
『失敗の本質』戸部良一他（中公文庫）
『「超」入門　失敗の本質』鈴木博毅（ダイヤモンド社）
『坂の上の雲』司馬遼太郎（文藝春秋）
『経営戦略としての異文化適応力』宮森千嘉子、宮林隆吉（日本能率協会マネジメントセンター）
『学校の「当たり前」をやめた。』工藤勇一（時事通信社）
『言える化』遠藤功（潮出版社）

『0秒経営』星﨑尚彦（KADOKAWA）
『よみがえる飛騨の匠』岡田贊三（幻冬舎）
丸井グループ「共創経営レポート」2016年版、2019年版
「日経電子版　出世ナビ」2019年2月21日
『クリティカルシンキング 入門篇』E・B・ゼックミスタ、J・E・ジョンソン（北大路書房）
『クリティカルシンキング 実践篇』E・B・ゼックミスタ、J・E・ジョンソン（北大路書房）
『差異力』伊藤嘉明（総合法令出版）
『人口から読む日本の歴史』鬼頭宏（講談社）
「日本の将来推計人口　ー平成29年推計の解説および条件付推計ー」国立社会保障・人口問題研究所

著者紹介

志水　浩（しみず・ひろし）

株式会社新経営サービス　執行役員統括マネージャー
1967年、京都府生まれ。1991年、株式会社新経営サービスに入社。経営コンサルタントとして30年近くのキャリアを有しており、一部上場企業から中小企業まで幅広い企業規模、さまざまな業種・業態の企業支援を実施中。また、各種団体での講演活動を全国で行っている。コンサルティング・研修のリピート率は85%以上を誇り、顧客企業・受講生からの信頼は厚い。新経営サービス内の人材開発・組織開発部門、経営支援部門、管理部門の責任者。

●株式会社新経営サービス
　人材・組織開発サービス専門サイト　https://skg-od.jp/
　経営支援サービス専門サイト　https://chusho-keiei.jp/
　人事制度策定サービス専門サイト　https://jinji.jp/

著者の「講演会」情報提供、定期的に更新している「コラム記事」の閲覧を希望される方は、下記にアクセスしてメールマガジンの登録をお願いします。
https://skg-od.jp/magazine/

企画構成／亀谷敏朗

成功体験《せいこうたいけん》は9割《わり》捨《す》てる　〈検印省略〉

2020年　7　月　26　日　第　1　刷発行

著　者――志水 浩（しみず・ひろし）
発行者――佐藤 和夫

発行所――株式会社あさ出版
〒171-0022　東京都豊島区南池袋 2-9-9 第一池袋ホワイトビル 6F
電　話　03（3983）3225（販売）
　　　　03（3983）3227（編集）
F A X　03（3983）3226
U R L　http://www.asa21.com/
E-mail　info@asa21.com
振　替　00160-1-720619

印刷・製本　美研プリンティング（株）

facebook　http://www.facebook.com/asapublishing
twitter　http://twitter.com/asapublishing

ISBN978-4-86667-210-6 C2034